한국의 이공계는 영어쓰기가 두렵다

Technical English Writing

한국의 **이공계**는
영어쓰기가 두렵다

2011년 5월 8일 초판 1쇄 발행
2012년 3월 15일 초판 2쇄 발행

지은이 | 임재춘
펴낸이 | 이찬규
펴낸곳 | 북코리아
등록번호 | 제03-01240호
주소 | 462-807 경기도 성남시 중원구 상대원동 146-8
우림2차 A동 1007호
전화 | 02-704-7840
팩스 | 02-704-7848
이메일 | sunhaksa@korea.com
홈페이지 | www.bookorea.co.kr
ISBN | 978-89-6324-111-1 (03300)

값 14,000원

* 「이 도서의 국립중앙도서관 출판시도서목록(CIP)은 e-CIP홈페이지(http://www.nl.go.kr/ecip)와
국가자료공동목록시스템(http://www.nl.go.kr/kolisnet)에서 이용하실 수 있습니다.
(CIP제어번호: CIP2011001868)」

한국의 이공계는 영어쓰기가 두렵다

임재춘 지음

TECHNICAL ENGLISH WRITING

북코리아

Prologue 1

머리말

나는 2003년에 《한국의 이공계는 글쓰기가 두렵다》를 썼다. 기술글쓰기(Technical Writing)를 우리나라에 소개한 책이었다. 2005년에는 《한국의 직장인은 글쓰기가 두렵다》를 내었다. 힘글쓰기(Power Writing)를 통해 글의 구조와 논리를 다루는 책이었다. 두 권의 책이 알려지면서 대학과 기업으로부터 강의 요청을 많이 받았다. 우리나라 이공계가 글쓰기의 필요성을 얼마나 절감하고 있는지를 알 수 있었다.

그런데 이제는 이공계 영어쓰기 강의까지 요청을 받고 있다. 대학이 원어 강의 비중을 높이면서 불똥이 나에게도 날아온 것이다. 난들 영어를 잘하는 것이 아니어서 고사를 거듭했지만 수요가 워낙 절박하다 보니 나까지 떠밀리게 되었다. 이공계 영어쓰기 강의를 맡고 나니 제일 큰 문제가 마땅한 교재를 찾을 수 없다는 것이었다. 미국 교재는 두껍고 어렵다. 한국 교재는 우리의 특수성을 반영한 것이 없다.

우리나라 이공계가 논문이나 보고서를 쓸 때, 영어 단어와 문법은 안다. 참고할 만한 선례도 많이 가지고 있다. 그런데 문제는 자기 생각을 영어로 쓰려면 한 줄 적기도 어렵다는 것이다. 써놓고도 잘 쓴 글인지 잘못 쓴 글인지 판단이 서지 않는다.

이것은 모두 영문의 구조(Structure)를 제대로 모르기 때문이다. 미국 학생이 초등학교에서 대학교까지 16년간 배우는 글쓰기 과정을 겪지 않았기 때문이다. 구조는 문장(Sentence)의 구조를 말하는 것이 아니다. 그것은 문법이다. 글(Essay)과 문단(Paragraph)의 구조를 말하는 것이다. 또 구조는 서론 · 본론 · 결론을 말하는 것이 아니다. 생각의 전개방법(Development Method)을 지칭하는 것이다. 미국 학생은 초등과 중 · 고등에서 글의 구조를 체계적으로 배우는 데 반하여 우리나라는 영어 교육에서 글의 구조를 접해본 적이 없다. 학원이 겨우 TOEFL(유학영어시험)이나 SAT(대학수학능력시험)에서 Essay Writing을 다루고 있다.

문체(Style)도 우리는 다루어 본 적이 없다. 구조를 익힌 미국인은 대학에서 글을 명확하고 간결하게 쓰는 문체 과정을 이수한다. 또 직장에 들어가면 글을 쉽고 정확하게 쓰는 훈련(Business Writing, Plain English 과정)을 받고, 이공계는 별도로 기술글쓰기 훈련(Technical Writing 과정)을 거친다.

우리가 영문의 구조와 문체를 배웠다고 해서 영어쓰기가 해결되는 것은 아니다. 용법(Usage)이 남아 있다. 적재적소에 가장 적합한 표현을 써야 하는 것이다. 원어민이 아니고는 해결할 수 없는 한계가 있는 것이다.

사정이 이러니 영문의 구조와 문체를 우리나라에서 해결하는 것은 불가능에 가깝다. 용법도 일일이 원어민의 도움을 받아야 한다. 그러니 모두 손을 놓고 있는 것이다. 하지만 필요가 너무나 크다. 누군가 시도해야 한다. 그래서 일단 내가 해보는 것이다. 가장 효과적이고 효율적인 방법을 찾아보는 것이다.

미국의 글쓰기 교육을 상세한 지도에 비유한다면 나는 이것을 간략하게 압축하여 '약도' 형식으로 제공하는 것이다. 쓰기에 왕도는 없지만 영어쓰기도 약도 그리듯이 하면 의외로 쉽게 접근할 수 있다. 현대의 좋은 영어는 3C(Clear · Correct · Concise)가 기본이다. 그렇다면 약도가 가장 '알기 쉽고, 정확하고, 간결하게' 표현하는 방법이다. 약도는 누구나 그릴 수 있다. 이 생각만 가져도 영어 쓰기에 대한 두려움은 사라진다. 그리고 웬만큼 쓸 수 있는 자신도 생긴다.

영문의 구조는 힘글쓰기로 해결한다. 어떤 종류의 글도 문단과 문장 하나하나에 기계적으로 숫자를 붙이는 기법이다. 여기에다 구글의 번역과 검색 기능을 활용하면 우리글로 정확하게 쓰기만 해도 최상의 영작까지 할 수 있는 방법이 생긴다.

영어쓰기(English Writing)의 해결. 우리나라에서는 기적이다. 기적도 '약도' 및 '문장숫자'라는 효과와 '구글'이라는 효율이 합쳐지면 일상이 될 수 있다. 이것이 가능하도록 기술영어쓰기(Technical English Writing)를 약도 그리듯이 큰길 세 개(3원칙)와 작은 길 아홉 개(9 규칙)로 정리하였다. 목적지를 '효과적인 의사전달'에 두고 이를 구현하는 도구로 구글을 활용하였다.

영어쓰기 교재를 찾는 과정에서 좋은 책을 몇 권 보았다. 일정 영역을 다루는 상세지도의 역할을 잘하는 책이다. 전체를 보여주지 못하는 단점도 있지만 용도에 따라 독자에게 좋은 길잡이가 되겠기에 부록 2에서 소개한다.

이 책 원고를 예비 독자 여러 사람에게 미리 검토를 부탁하였다. 이런 관례는 미국의 쉬운영어(Plain English)가 요구하는 조건이기도 하다. 적어도 서너 분의 의견을 기대했는데 딱 한 분만이 충실한 검토를 해 주었다. LIG 넥스원 수석매니저 강구현 박사에게 고마움을 전한다.

이 책을 국립중앙도서관에서 구글로 썼다. 지식과 정보의 바다에서 원 없이 놀았다. 실내는 쾌적하고 바깥은 경치가 좋았다. 도서관과 인터넷이 더없이 고마웠다. 세상이 나에게 많은 것을 베풀고 있다는 것을 이번에서야 깨달았다.

Prologue 2

나의 영어 방랑기

영어는 우리 국민이면 누구나 겪는 골칫덩어리이다. 토익 점수를 죽어라 따라갔더니 이제는 말하기가 중요하다고 한다. 어학연수를 다녀와서 말하기를 어느 정도 수준까지 올려놓았더니 앞으로는 쓰기가 필수라고 한다.

쓰기는 기본적으로 어렵다. 이공계는 쓰기를 더 어려워한다. 거기에다 영어도 어렵다. 그래서 영어쓰기는 두려움의 대상이다. 사실 영어쓰기는 원어민도 어려워한다. 그렇다면 우리에게는 특단의 영어쓰기 방법이 필요하다.

가장 좋은 방법은 목표를 '효과적인 의사전달'에 두고 약도 그리듯이 핵심 내용만을 간결하게 쓰는 것이다. 이것이 힘글쓰기이고 기술글쓰기이다. 글을 멋있게, 우아하게, 감명 깊게 쓰려고 하니 어려운 것이다. 읽는 사람이 필요로 하는 정보를 알기 쉽게, 정확하고 간결하게 쓰는 것이다. 이렇게 글쓰기를 하면 이공계 영어쓰기는 어렵지 않게 배울 수 있다.

그런데 이 간단한 해결책이 우리나라에서는 통하지 않는다. 그 이유가 공대에서 쓰기를 가르치는 교수는 인문학 전공이라 기술글쓰기를 모르기 때문이다. 재미와 감동을 주는 문학적 글쓰기(Impressive Writing)는 강할지 몰라도 효과적인 의사전달을 하는 실용적 글쓰기(Expressive Writing)에는 서툴다. 또 다른 이유는 공대 교수 출신이 과학글쓰기(Scientific Writing)나 논문쓰기를 가르치더라도 논문의 구성과 표현 방법만을 다루고 글의 구조와 문체는 손도 댈 수 없기 때문이다. 이 둘을 아우르는 교수가 나와야 하는데 이것이 쉽지 않다.

다행히 나는 기술과 글쓰기, 양쪽을 모두 다루었고 영어쓰기에 대한 경험도 가지고 있다. 이공계가 쓰는 기술글쓰기(Technical Writing)와 글의 구조와 논리를 다루는 힘글쓰기(Power Writing)를 우리나라에 가장 먼저 도입하였다. 외국 기관에 근무하면서 실무영어쓰기(Business English Writing)에 관한 교육도 받았다.

이러한 것들이 모이자 어떤 종류의 글이라도 잘못된 부분이 보이기 시작했고, 이를 더 낫게 고칠 수 있는 안목까지 생겼다. 글을 못 쓰는 이공계가 쉽게 믿기 어렵겠지만 다음 이야기를 읽어 보면 상당부분 수긍이 갈 것이다.

내가 영어로 강의하고 영어책까지 쓰니 영어를 처음부터 잘했을 것이라고 독자들이 생각하겠지만 사실은 정반대이다. 나는 영어를 못했다. 수학과 과학은 좋은데 국어와 영어는 싫었다. 그러다 보니 중학교 3년간은 영어와는 담을 쌓았다. 고등학교 입시를 한 달 앞두고 영어 교과서를 다시 펼쳤으나 2학년 교과서를 반도 끝내지 못하였다. 고등학교에 들어가서도 영어는 기초가 없고 싫어하는 과목이다 보니 늘 문제였다. 대학입시에서 영어 점수가 가장 낮았다.

대학과 군대에서 7년간 영어와 기분 좋게 헤어졌다. 기술고시를 볼 때 영어 과목이 있었으나 40점 과락만 면하고 다른 과목에서 보충을 하였다. 이렇게 영어는 되도록 멀리했는데 인생은 싫은 것을 피해 다니도록 두지 않았다.

1973년, 직장생활 첫날에 미국인을 근무 파트너로 만났다. 과학기술처 원자력국에는 국제원자력기구(IAEA; International Atomic Energy Agency)에서 파견한 전문가가 있었다. 서로 소개하는 자리에서 나는 내 이름조차 영어로 말할 수 없었다. 영어 공부가 시급했다. 녹음기가 필요한데 그 당시 카세트녹음기는 방송기자나 들고 다니는 것이어서 무척 비쌌다. 세 달 봉급을 들여 카세트녹음기를 샀지만 카세트테이프는 더 비쌌다. 900문항을 다루는 6개월짜리 전집을 살 수 없어 1개월 150문항만 구했다. 3개월을 150문항만 들었다. 그런데 신기하게도 귀가 뚫렸다. 영어 문항은 900개가 모두 필요한 것이 아니고 150개만 있어도 된다는 것을 알았다.

원자력국에서 일하다 보니 기술직 공무원으로서는 드물게 해외경험이 많았다. 미국원자력규제위원회(US NRC: Nuclear Regulatory Commission)에서 1년, 국제원자력기구에서 2년을 근무하였다. 미국 Georgia Institute of Technology에서 원자력석사를, 영국 Lancaster University에서 경영학석사(MBA)를 이수하였다.

외국 직장에서 근무해 보니 매뉴얼 읽고, 보고서 쓰는 일이 예상 외로 많아 놀랐다. 대학원에서 하는 영어쓰기와는 비교가 되지 않았다. 기술글쓰기라는 분야가 별도로 있다는 것도 알았다. 기술글쓰기에 대한 교육을 받아 보니, 이공계가 쓰는 글은 약도 그리듯이 '핵심 내용만을 알기 쉽고 간결하게' 쓰는 문체(Style)라는 것도 알게 되었다.

한편 직장에서 기술보고서를 읽다 보면 어떤 보고서는 도무지 이해할 수가 없었다. 상사에게 그 이유를 물었더니 '쉬운영어(Plain English)'가 아니기 때문이라고 했다. 쉬운영어는 읽는 사람이 필요로 하는 정보를 '알기 쉽게 정확하고 간결하게' 쓰는 문체 기법이었다. 이 둘을 합치니 직장에서 쓰는 영어는 웬만큼 해결이 되었다.

그런데 이 두 가지 글쓰기 기법을 익혀도 내 생각을 자유로이 영어로 쓰는 데에는 여전히 어려움이 남아 있었다. 이 둘은 글의 문체였기에 글의 구조가 해결되지 않았다. 구조 문제는 다행히 힘글쓰기가 해결했다. 구글에 들어가 보았더니 힘글쓰기에 대한 자료가 많이 나와 있었다. 몇 가지를 읽어보니 힘글쓰기는 어떤 에세이라도 자유자재로 쓸 수 있는 글쓰기 기법임을 알 수 있었다. 이때부터 영어쓰기가 어렵지 않았다. 내가 쓴 것을 읽는 사람도 정확히 이해하였다. 영어가 한국어보다 더 정확하게 의사를 전달할 수 있는 언어라는 것도 알 수 있게 되었다. 구글의 번역과 검색기능을 동원하면 한글로 써도 영작이 되고 원어민 수준의 용법까지 해결할 수 있었다.

나는 제법 먼 길을 돌아왔다. 내 뒤에 오는 이에게 보다 효과적이고 효율적으로 기술영어쓰기를 전수해 주고 싶어졌다. 이것이 바로 그 책이다.

Contents

셋째 장. 아홉 가지 규칙

넷째 장. 부록

첫째 장

세 가지 원칙

Three Principles

원칙 1. 글의 구조: 힘글쓰기

원칙 2. 글의 문체: 쉬운영어와 기술글쓰기

원칙 3. 용법: 구글 번역 및 검색

TECHNICAL
ENGLISH WRITING

Three Principles for Technical English Writing

기술영어쓰기를 위한 세 가지 원칙

미국의 영어쓰기 공부와 우리의 해법

먼저 미국에서 이공계가 글쓰기(Writing)를 어떻게 단계적으로 배우는지를 살펴보자.

초등학교	힘글쓰기를 통해 에세이의 구조를 배운다.
중·고등학교	글의 종류(묘사 · 설명 · 비교 · 논술)에 따라 다양한 전개 방법 및 표현을 배운다. 대학수학능력시험(SAT: Scholastic Aptitude Test)의 일환으로 Writing 시험을 치른다.
대학교	두 가지 종류의 글쓰기를 더 배워야 한다. 글쓰기센터에서 Tutor와 1:1 자기 글을 교정한다. • 논증적 글쓰기[1)] • 전공과목과 연계된 글쓰기
직장	직장마다 Writing Style Manual이 있다. 이 매뉴얼을 구성하는 기본 원칙도 배워야 한다. • 쉬운영어: 법정 의무사항 • 기술글쓰기: 이공계 필수항목

1) 공대에서는 논증적 글쓰기(Expository Writing)를 배운다. 증명을 정확하게 하는 법을 주로 다룬다. 반면에 인문사회계열은 논쟁적 글쓰기(Argumentative Writing)를 배운다. 찬성과 반박의견(Rebuttal)을 다룬다.

미국에서 직장생활을 하려면 이처럼 많은 쓰기 교육을 받아야 한다. 영어 말하기도 버거운 우리가 영어쓰기에 이렇게 엄청난 시간과 노력을 들여야 한다니 배울 엄두가 나지 않는다. 맞다. 영어를 제대로 쓰려면 미국에 유학해서 눈물 나는 노력을 기울여야 가능하다.

그런데 희망이 있다. 목표를 원어민만큼 잘 쓰는 데 두지 않으면 된다. 주요 내용을 상대가 알기 쉽게, 명확하고 간결하게 전하면 된다. 이렇게 목표를 바꾸면 핵심사항만 몇 가지 알아도 영어쓰기가 의외로 쉽다.

여기에 조건이 있다. 조금 어렵다고 중도에 그만두면 끝장이다. 진득하게 한 번은 임계치를 넘어야 한다. 첫째 장에서 영어쓰기의 세 가지 원칙을 철저히 이해해야 한다. 즉 글의 구조를 다루는 힘글쓰기와 글의 문체를 다루는 쉬운영어 및 기술글쓰기를 알아야 하고, 또 구글로 자동번역을 하고 용법을 검색할 수 있어야 한다. 이 정도만 해도 직장에서 쓰는 영문 이메일이나 한 장의 보고서는 한글로 작성한 뒤 영문으로 변환할 수 있다. 그 다음, 영어쓰기를 잘한다는 소리를 듣고 싶으면 셋째 장에서 제시하는 아홉 가지 규칙을 찬찬히 공부해야 한다. 그러면 원어민이 잘 써놓은 글도 어렵지 않게 고칠 수 있다. 영어쓰기에 자신감을 가질 수 있다.

원칙 1
Power Writing

글의 구조: 힘글쓰기

글쓰기는 기본적으로 어렵다. 머릿속에서 생각은 많은데 이것을 하나하나씩 분리하여 꺼내는 것이 쉽지 않기 때문이다. 글쓰기의 이런 어려움은 뇌의 특성과 관련이 깊다. 우리의 뇌는 무게(체중의 2%)에 비해 에너지를 많이 사용하고, 특히 포도당과 산소는 20%까지 소모한다. 이런 특수성으로 인해 우리가 글을 쓸 때에는 논리적 · 분석적으로 사고하기 보다는 통합적 · 직관적으로 사고하면서 에너지 소비를 최소화하려고 한다. 그러다 보니 생각은 입체적 · 3차원(3D)으로 복잡하게 얽혀 있는데 이것을 1차원(1D)으로 한 줄씩 뽑아내려니 골치부터 아파온다. 뇌에서 포도당이 달리고 산소가 부족해진다.

사정을 더욱 나쁘게 하는 것은 생각이 많아야 글이 된다는 점이다. 글은 기본적으로 상대에게 전해줄 가치가 있어야 한다. 관련 지식과 정보를 많이 알아야 하니 생각이 점점 복잡해진다. 자기도 생각이 잘 정리되지 않는다.

설령 생각이 잘 정리되더라도 이것을 독자에게 알기 쉽게 제공하기가 어렵다. 거기에다 읽는 사람의 시간을 뺏지 않게 간결하게 써야 하니 글쓰기가 고역 중에 고역이 될 수밖에 없는 것이다.

글쓰기는 근원적으로 이런 어려움을 가지고 있기에 이를 최소화하는 길은 두 가지이다. 하나는 재미와 감동을 주는 문학적인 글을 쓰지 않고 효과적인 의사전달을 목표로 하는 실용적인 글을 쓰는 것이다. 다른 하나는 생각이 입체적으로 아무리 복잡해도 기계적으로 하나씩 뽑아내면 된다. 이공계가 좋아하는 간단한 시스템이다. 이 두 가지를 한 번에 해결하는 것이 힘글쓰기이다.

1 힘글쓰기란?

힘글쓰기는 Southern California 대학의 J.E. Sparks 박사가 1982년에 제창하였다. 그가 아리스토텔레스부터 현대 작가까지 고전을 총망라한 《*Great Books*》라는 시리즈 60권을 분석해보니 글은 재미와 감동을 주는 문학적인 글과 효과적인 의사전달을 하는 글로 구분할 수 있고, 효과적인 의사전달을 하는 글은 예외 없이 Main idca를 먼저 제시하고 Details로 뒷받침한다(더 쉽게 이야기하면 '결론부터 쓰라')는 간단한 분석 결과를 도출할 수 있었다. 그는 이 분석을 토대로 Main Idea와 Details에 숫자를 붙여 그의 저서 《*Write for Power*》에 소개하였다.

힘글쓰기는 문장에 숫자를 부여하는데 그 특성은 다음과 같다.

- 숫자가 높을수록 구체적인 개념
- 숫자가 높을수록 상세한 문장
- 숫자가 높을수록 설득하는 힘이 상승

이런 식으로 숫자를 붙이면 숫자가 대변하는 개념(괄호 안은 우리의 개념)은 다음과 같다.

- Power 1 = main idea or focus (주제/주장)
- Power 2 = major detail, supporting (근거)
- Power 3 = minor detail, elaboration (증명)
- Power 4 = main idea or focus (주제/주장 재강조)

힘글쓰기를 하이파이브(High Five)로 표현하면 도표 1.1과 같다. 숫자 1은 주제나 주장(Main Idea)을 Focus한다. 숫자 2는 근거(Ground)로 이유(Reason)나 방법(Method)을 설명한다. '왜' 또는 '어떻게'로 주제나 주장을 뒷받침(Supporting)하는 것이다. 숫자 3은 증명(Evidence)을 하는데 네 가지가 있다. 사실(Facts)을 보여주는 것이다. 이것이 없으면 자료(Data)를 제시한다. 전문가의 권위있는 증언(Testimonies)도 효과적이다. 이들이 없으면 예(Examples)라도 든다('예'는 사실과 합쳐 '실례'의 형태로 나타나는 것이 대부분이다. 단순히 가정만 하는 '예'는 증명하는 힘이 떨어진다). 숫자 4는 주제나 주장을 재강조하는 결론 부분에 해당한다. 여기서 숫자 0이 유별하다. 준비 과정이다. 목적이 무엇인지, 독자가 누구인지를 사전에 미리 생각하는 과정이다. 중요해서 엄지인데 글에서 나타나지 않기에 숫자는

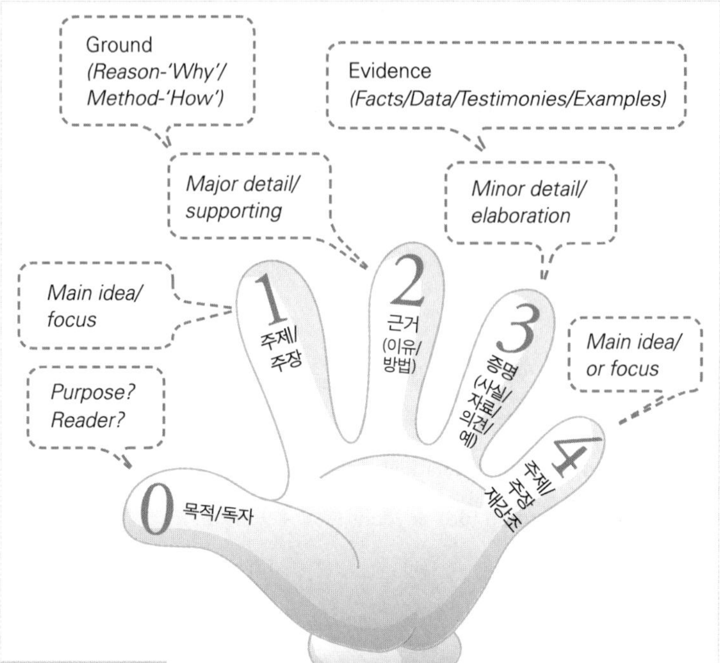

도표 1.1 High Five

0[2]이다.

숫자 2는 추상적인 개념이다. 우리 머리가 이해하는 부분이다. 찬성 · 반대나 과거 · 현재 · 미래와 같이 설명을 해야 알아듣는 부분[3]이다. 주제나 주장을 1차적으로 뒷받침한다. 숫자 3은 구체적인 개념이다. 실례 · 자료 · 의견은 눈으로 직접 확인할 수 있다. 주제나 주장을 2

2) 글쓰기 이론이 종래의 '목표중심 글쓰기'에서 '과정중심 글쓰기'로 옮겨가고 있다. 힘0은 '과정중심 글쓰기' 이론에서 '수사적 맥락'이라고 부른다.

3) '과거나 미래'는 추상적인 개념이다. 머리로만 이해할 수 있다. 그래서 동물 중에서 사람만이 이 두 개념을 이해한다.

차적으로 뒷받침한다. 주제나 주장을 1차 · 2차적으로 뒷받침하면 논리적인 글이 된다.

2 힘글쓰기의 예

미국영어교사협의회(National Council of Teachers of English)는 힘글쓰기를 적극 지지한다. 학교에서 교사들이 단어 · 문장 · 문단에 일관되게 이를 적용하여 학생들을 지도하도록 권장한다. 학년이 높아갈수록 수준만 바꾸는 것이다. 그러니 직장에서도 당연히 이 원칙이 글쓰기에 적용된다.

단어(Word) 차원의 힘글쓰기는 1-2-2-2 형식이다.

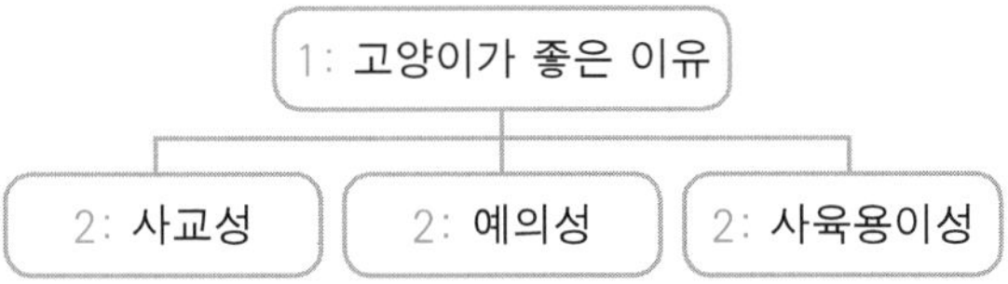

도표 1.2 단어 차원의 힘(Word Power)

문장(Sentence) 차원이 되면 1-2-2-2-4로 다섯 줄 글쓰기가 된다. 서론-본론-본론-본론-결론이다.

제목: 나는 고양이가 좋다

S_1: 고양이는 많은 사람의 애완동물이다.
S_2: 첫째, 사교성이 좋다.
S_2: 둘째, 말썽을 적게 피운다.
S_2: 셋째, 키우기가 쉽다.
S_4: 고양이는 최고의 애완동물이다.

예문 1.1 다섯 줄 글쓰기

문단(Paragraph) 차원이 되면 문장 하나하나가 문단으로 확대된다. 이를 기본 에세이(Basic Essay, 5문단으로 이루어진다고 해서 5문단 에세이라고도 한다)라고 부른다. 다음에 소개하는 기본 에세이는 힘글쓰기를 잘 보여준다. 문장 하나하나에 숫자($S_1/S_2/S_3/S_4$)를 붙이고 색깔로 구분하면 글의 구조가 한눈에 들어온다. 앞으로 전개하는 문장은 도표 1.3에서 보는 것처럼 숫자, 색깔 및 밑줄로 구분한다.

- S_1: 힘글 1에 해당하는 문장, 파란색으로 표시.
- $\underline{S_2}$: 힘글 2에 해당하는 문장, 밑줄을 그어 구분.
- S_3: 힘글 3에 해당하는 문장, 검은색 그대로 표시.
- S_4: 힘글 4에 해당하는 문장, S_1과 같아 파란색으로 표시.

도표1.3 문장 힘글 숫자의 표시방법

Cats are the ideal house pet

"A dog is man's best friend." That common saying may contain some truth, but dogs are not the only animal friend whose companionship people enjoy. For many people, a cat is their best friend. Despite what dog lovers may believe, cats make excellent house pets as they are good companions, they are civilized members of the household, and they are easy to care for.

In **the first** place, people enjoy the companionship of cats. Many cats are affectionate. They will snuggle up and ask to be petted, or scratched under the chin. Who can resist a purring cat? If they're not feeling affectionate, cats are generally quite playful. They love to chase balls and feathers, or just about anything dangling from a string. They especially enjoy playing when their owners are participating in the game. Contrary to popular opinion, cats can be trained. Using rewards and punishments, just like with a dog, a cat can be trained to avoid unwanted behavior or perform tricks. Cats will even fetch!

In **the second** place, cats are civilized members of the household. Unlike dogs, cats do not bark or make other loud noises. Most cats don't even meow very often. They generally lead a quiet existence. Cats also don't often have "accidents." Mother cats train their kittens to use the litter box, and most cats will use it without fail from that time on. Even stray cats usually understand the concept when shown the box and will use it regularly. Cats do have claws, and owners must make provision for this. A tall scratching post in a favorite cat area of the house will often keep the cat content to leave the furniture alone. As a last resort, of course, cats can be declawed.

Lastly, one of the most attractive features of cats as house pets is their ease of care. Cats do not have to be walked. They get plenty of exercise in the house as they play, and they do their business in the litter box. Cleaning a litter box is a quick, painless procedure. Cats also take care of their own grooming. Bathing a cat is almost never necessary because under ordinary circumstances cats clean themselves. Cats are more particular about personal cleanliness than people are. In addition, cats can be left home alone for a few hours without fear. Unlike some pets, most cats will not destroy the furnishings when left alone. They are content to go about their usual activities until their owners return.

Cats are low maintenance, civilized companions. People who have small living quarters or less time for pet care should appreciate these characteristics of cats. However, many people who have plenty of space and time still opt to have a cat because they love the cat personality. In many ways, cats are the ideal house pet.

예문 1.2 기본 에세이(5문단 에세이)

이 에세이를 2차원(2D) 형태의 문서에 문장마다 힘글 숫자로 표현하면 도표 1.4와 같다. 서론 문단은 P_1[ ], 본론 문단은 P_2[ ], 결론 문단은 P_4[ ]로 표기한다.

서론: P_1[S_3-S_3-S_3-S_2-S_1](예-예-예-이유-주장)

본론: P_2[S_1-S_2-S_3-S_3-S_2-S_3-S_3-S_2-S_3-S_3] x 3
(주장-이유-예-예-이유-예-예-이유-예-예)

결론: P_4[S_1-S_2-S_2-S_4](주장-이유-이유-재주장)

도표 1.4 2D 문서에 전개되는 문장의 힘글 숫자

기본 에세이를 입체적 구조, 즉 3D 구조도(Organization Chart)로도 구현할 수 있다. 도표 1.5는 3D 구조의 정보가 2D 문서에 어떻게 옮겨지는지를 보여주는 그림이다.

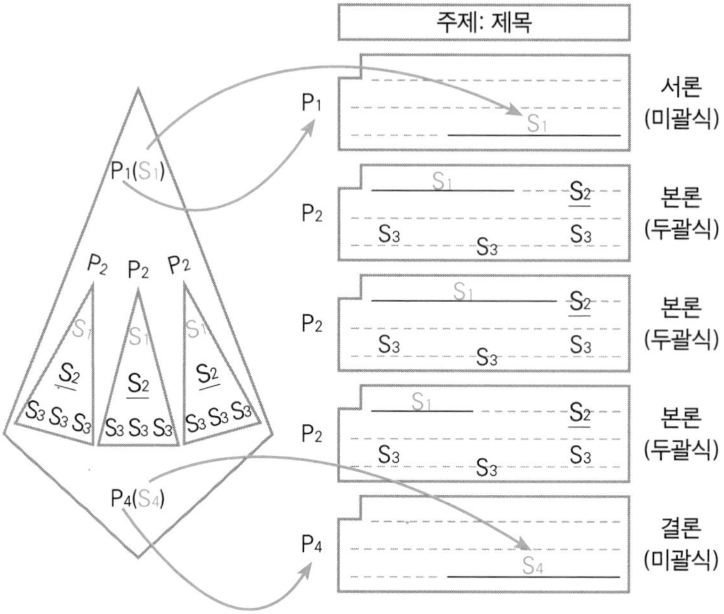

도표 1.5 3D 구조도와 2D 문서 구조

원칙
2 Plain English & Technical Writing
글의 문체: 쉬운영어와 기술글쓰기

20세기 이전에는 긴 문장과 화려한 문체가 좋은 글로 평가받았다. 복잡하고 어려운 내용을 많이 포함할수록 지적 품위를 대변하였다. 그럴 수밖에 없는 이유가 글은 귀족계급의 전유물이었기 때문이다.

20세기가 되어 교육이 일반화되면서 글은 이제 누구나 읽을 수 있었지만 글을 제공하는 전문집단이 문제였다. 자신들에게 편하고, 자기들의 권익을 지키는 방향으로 글을 쓰다 보니 전문집단이 쓰는 글은 Gobbledygook(칠면조가 내는 소리)처럼 일반인이 알아듣기가 어려웠다. 관료적(Bureaucratese) · 법률적(Legalese) · 학문적(Academese) · 사무적(Businessese) · 기술적(Technical)인 글이 난무하고, 거기다 장황하고 모호하여 읽는 사람을 헷갈리게 하고 노력과 시간을 많이 빼앗았다.

그러다 영국에서 문제가 터졌다. 서민이 정부보조를 받기 위해 신청하는 서류가 복잡하고, 전문용어와 라틴어가 많아 급기야는 제때 보조를 받지 못한 서민이 사망하게 된 사건이 발생한 것이다. 이를 계기로 Chrissie Mayer가 민간인 신분으로 1974년부터 쉬운영어 운동을 전개하게 되었다. 이 운동은 결실을 거두어 영국 정부도 그 중요성을 강조하기에 이르렀다. 영연방 국가인 캐나다 · 호주 · 뉴질랜드도 쉬운영어의 옹호국가가 되었다.

유럽연합(European Union)도 쉬운언어를 활발히 추진하고 있다. 유럽연합은 법률이나 고시를 연간 수천 건씩 제정하여 이를 27개국 회원국에 번역 · 배포하고 있다. 번역은 양이 엄청나기 때문에 주로 자동번역에 의존하게 되며 영어가 중심(EU 공용어는 영어와 불어이지만 불어는 복잡한 문장구조를 가지고 있다)이 된다. 이때 쉬운영어가 아니면 자동번역이 되지 않는 문제가 있어 스웨덴이 쉬운영어의 채택에 앞장섰다. 스웨덴은 30년 전부터 쉬운언어의 중요성을 잘 알고 있었기에 다른 회원국가를 쉽게 설득할 수 있었다.

미국도 예외가 아니다. 미국 정부는 1978년에 쉬운영어령(Plain English Act)을 제정하여 '연방 직원은 모든 규약을 쉬운영어'로 쓰도록 하였다. 2010년에는 상원과 하원도 쉬운쓰기법(Plain Writing Law)을 제정하여 정부가 알기 쉽게, 간결하게, 잘 조직된(Clear, Concise, Well-organized) 글을 쓰도록 의무화하였다. 이에 따라 정부는 쉬운글쓰기 담당자를 지정하고, 공무원에 대한 교육을 실시하여야 하며, 가이드라인(Federal Plain Language Guideline)[4]에 따라 정부 문서를 작성하고, 그 실적을 보고하여야 한다.

4) 가이드라인(2010. 12 개정)은 'Plain Language Action Network'이 제공한다. 이 조직은 쉬운영어 운동에 앞장선 엘 고어 부통령이 1998년에 결성하였다. 이 가이드라인은 제정된 지 10년 만인 2010년 12월에 개정되었다. 구체적인 내용은 다음을 참조: http://www.plainlanguage.gov/howto/guidelines/bigdoc/TOC.cfm.

1 쉬운영어란?

위키피디아(www.wikipedia.org)가 내린 정의를 구글 번역기를 활용하여 번역해 본다. 영어를 한글로 구글번역 하다 보면 어떻게 한글을 써야 구글 영작이 잘되는지 감[5]을 잡는다.

Plain English (sometimes referred to more broadly as plain language) is a generic term for communication styles that emphasize clarity, brevity and the avoidance of technical language. Plain English is written (in a manner appropriate to) the reading skills and knowledge of its audience. It is writing (that has no confusion about meaning), is free of cliché and unnecessary jargon, and is easy to understand. Good Plain English writing easily imparts knowledge to an audience (unfamiliar with the in-house language and knowledge of the writer).

쉬운영어는 (때로는 쉬운언어로 보다 폭넓게 언급) 명확, 간결 및 기술 용어를 피하는 것을 강조하는 의사소통 유형에 대한 포괄적인 용어입니다. 쉬운 영어는 독자의 독해 기술과 지식에 맞는 방식으로 작성됩니다. 그것은 의미에 대한 혼란이 없고, 진부하거나 불필요한 용어가 없는 글쓰기입니다. 좋은 쉬운영어 작문은 (작가의 내부 언어와 지식에 익숙하지 않는) 독자에게 쉽게 지식을 부여합니다.

5) 번역을 잘하려면 의미 구절 별로 슬래시(/)나 괄호(( ))를 활용하면 된다. 번역이 이상한 부분은 '대체번역'(해당 단어에 마우스를 갖다 대고 클릭하여 실현)을 하면 된다.

영어를 모국어로 하는 미국인이나 영국인도 영어를 쓸 때 여러 가지 통상적인 문제(Common Problems)를 가지고 있다.[6)]

원어민 영어 사용 시의 통상적 문제

- Long sentences (긴 문장)
- Passive voice (수동태)
- Weak verbs (힘 없는 동사)
- Superfluous words (쓸모없는 단어)
- Legal and financial (technical) jargons (전문용어)
- Numerous defined terms (중의적인 용어)
- Abstract words (추상적인 단어)
- Unnecessary details (필요 이상으로 상세)
- Unreadable design and layout (읽기 힘든 문서 설계 및 배치)

글은 읽는 사람이 쉽게 이해(Clear)**할 수 있도록 써야 한다.** 그러려면 정보가 한눈에 보이고 정확하고 간결(Correct and Concise)**하여야 한다.** 그래서 현대영어는 좋은 글쓰기의 원칙으로 3C(Clear · Correct · Concise)를 제시한다. 이를 실현하려면 구조 · 문체 · 설계의 세 가지 요소가 중요하다.

---

6) 미국증권거래위원회(SEC: Securities and Exchanges Commission), *A Plain English Handbook* (1998), p.17. 이 핸드북은 미국 공공기관이 발행한 대표적인 것이다. Financial Business와 관련 있는 직종에 좋은 참고자료이다.

Plain English(쉬운영어)의 요소

a. Organization(구조)
- 전체적인 내용이 한눈에 보여야 한다.
- 문단은 소주제문으로 시작해야 한다.
- 전개 방식이 읽는 사람의 기대에 부합하여야 한다.

b. Style(문체)
- 정확하고 간결하여야 한다.
- 문장이 짧아야 한다.
- 쓸데없는 단어가 없어야 한다.
- 능동태로 쓴다.
- 병렬구조로 쓴다.

c. Design(설계)
- 목차를 통해 개요를 보여준다.
- 소제목을 자주 붙인다.
- 항목을 단다.

2 쉬운영어의 필요성

미국은 쉬운영어령과 쉬운쓰기법을 제정하여 정부에게 쉬운영어 사용을 법정 의무사항으로 부과하였다. 기업도 쉬운영어를 적극 사용하는데 이는 쉬운영어가 그만큼 많은 장점을 가지고 있기 때문이다.

첫째가 독자 및 고객중심이라는 점이다. 전문적이고 어려운 용어가 없으니 독자 및 고객이 읽는 데 시간도 적게 걸리고 내용도 정확하게 이해할 수 있다. 공급자가 정보를 독점할 수 없다.

둘째가 경제적이라는 점이다. 영국 항공사(British Aerospace)는 복잡하고 긴 문장으로 작성된 협약서 150쪽을 쉬운영어 50쪽으로 바꾼 결과, 계약 성사 기간이 6개월에서 3주 반으로 줄어들었다. 미국의 보험회사도 문서를 쉬운영어로 바꾼 후 문의 전화가 1/3로 줄었다.

셋째가 번역자동화에 필수라는 점이다. 국제화는 번역의 양을 엄청나게 많이 늘렸다. 신제품이 나오면 사용설명서를 전 세계에 동시에 배포하여야 한다. 쉬운영어로 통제된 언어가 자동기계번역에 필수가 되었다.

마지막으로, 영어가 모국어가 아닌 사람에게는 오히려 배우기 쉽다는 점이다. 영어를 잘하려면 듣기 · 말하기 · 읽기 · 쓰기를 배워야 한다. 이 중에서도 쓰기가 가장 어렵다. 영어를 모국어로 하는 사람도 제대로 쓰기까지 많은 공부를 해야 한다. 영어를 제2외국어로 배우는 외국인이 영어를 아무리 열심히 배워도 원어민 수준까지 따라갈 수가 없다. 그렇다면 쉬운영어가 우리에게 해답이 될 수 있다. 복잡하고 어려운 영어를 배워보았자 결국은 쓸모없는 것이 된다면 애초부터 쉬운영어를 배우는 것이 좋은 방법이다. 쉬운영어는 말하듯이 가벼운 문체를 사용하기에 제2외국어로 배우기도 훨씬 용이하다.

쉬운영어에 대한 많은 오해가 있어 Joe Kimble 교수(Thomas Cooley Law School)가 이를 반박한다. 먼저 쉬운영어는 어린아이 말(Baby Talk)이나 생존언어(Survival Language)가 아니다. 지능이 낮은 언어가 아니라 상대가 쉽게 알아듣도록 많은 기교(Skill)[7]를 필요로 한다.

둘째로 복잡한 정보를 무조건 간단하게 하는 것이 아니다. 독자에게 복잡한 정보가 필수적일 때에는 그 내용을 삭제하면 안 된다. 즉 간결(Conciseness)하여 전체 정보를 짧게 하는 것이지 간략(Brevity)해서 전체 내용을 대변하는 한두 문장으로 압축하는 것이 아니다. 복잡하고 배배 꼬인, 모호하고 명확하지 못한 쓰기를 개선하는 것이다.

셋째로 전문용어를 배제하는 것이 아니다. 사용하되 읽는 사람이 알아들을 수 있도록 하라는 것이다.

넷째로 쉬운영어는 단순하게 쉬운 단어나 쓰고 문장을 짧게 하는 것만이 아니다. 문서를 기획하고 글의 구조를 잡고 시범 독자의 의견을 미리 반영하는, 범위가 넓은 활동이다.

마지막으로 정식 문서에는 모름지기 관료적, 법률적 및 사무적인 문체가 더 잘 어울린다는 믿음은 환상이다. 보다 중요한 것은 글을 쓰는 사람한테 어울리는 것이 아니고 읽는 사람한테 바람직한 것이 되는 것이다.

---

7) '쉽게 쓰기' 그 자체는 사실 어렵다. 자신이 내용을 잘 알아야 하고, 핵심 내용을 정확하게 찾아내어야 하며, 이를 알기 쉽고 간결하게 표현하여야 하며, 읽는 사람 입장을 최대한 반영해야 되기 때문이다. 우리말을 쉽게 쓸 수 있으면 영어도 쉽게 쓸 수 있다.

3 쉬운영어의 예

미국에서는 쉬운영어 경연대회를 여러 기관에서 개최한다. PLAIN(Plain Language Association InterNational)이 주관하는 Michigan Award Winner의 예이다.

예1 Check for messages every 30 minutes. If my computer is not connected at this time, connect only when not working offline.

▶▶ Check for messages every 30 minutes when I am working online.

예2 Make sure that the account holder's name on the account is the same as the name of the customer to whose account the transaction should be attributed.

▶▶ Make sure that this account is for the right customer.

예3 I give my Agent the power to exercise or perform any act, power, duty, right, or obligation whatsoever that I have or may hereafter acquire, relating to any person, matter, transaction, or property, real or personal, tangible or intangible, now owned or hereafter acquired by me, including, without limitation, the following specifically enumerated powers. I grant to my Agent full power and authority to do everything necessary in exercising any of the powers herein granted as fully as I might or could do if personally present, with full power of substitution or revocation, hereby ratifying and confirming all that my Agent shall lawfully do or cause to be done by virtue of this Power of Attorney and the powers herein granted.

▶▶ I give my agent the power to do anything that I have a right or duty to do, now or in the future.

정부 문서에서 자주 접하는 표현들[8]이다. 공식적이고 권위적이다. 이를 말하듯이 쉽게 쓸 수 있다(Write as you talk).

예4 These sections describe types of information that would satisfy the application requirements of Circular A-110 as it would apply to this grant program.

▶▶ These sections tell you how to meet the requirements of Circular A-110 for this grant program.

예5 Applicants who were Federal employees at the time that the injury was sustained should have filed a compensation request at that time. Failure to do so could have an effect on the degree to which the applicant can be covered under this part.

---

8) Federal Plain Language Guideline (2010), p.20.

▶▶ You may not be covered under this part if:

a. You were a Federal employee at the time of the injury: and

b. You did not file a claim at that time.

주식공모서에서 자주 보는 다음의 안내문[9]은 통상적인 문제를 고스란히 가지고 있다. 우리나라 보험 약관같이 담당자도 이해하지 못하는 설명이 많다. 쉬운영어로 고쳐 쓸 수 있다.

예6 No person has been authorized to give any information or make any representation other than those contained or incorporation by reference in this joint proxy statement/prospectus, and, if given or made, such information or representation must not be relied upon having been authorized.

▶▶ You should rely only on the information contained in this document or that we have referred you to. We have not authorized anyone to provide you with information that is different.

9) SEC, *A Plain English Handbook* (1998), p.18.

4 기술글쓰기의 예

기술글쓰기는 이공계가 쓰는 글쓰기이다. 크게 보면 쉬운영어의 한 분야이기에 기술분야에서의 쉬운영어인 셈이다. 가장 많이 쓰이는 분야가 사용설명서이다. 사용설명서는 1차 세계대전 이후, 군수산업과 일반산업이 대거 출현하면서 탄생하였다. 2차 대전 이후에는 특히 전자산업과 우주산업이 발전하면서 그 중요성이 더욱 커지게 되었다. 예를 들면 프로그래머에게 소프트웨어의 사용법을, 소비자에게 텔레비전의 리모컨 사용법을 설명하는 것이다. 그러다 정보산업시대가 되면서 웹의 출현은 기술글쓰기를 On-Line까지 확대시켰다.

특히 제조물책임법(PL법: Product Liability Law)이 제정되면서 기술글쓰기는 크게 주목을 받았다. 제조물이 사용자에게 피해를 주면 손해를 배상하는 이 법은 사용설명서도 제조물의 범위에 포함시키고 있다. 이를 계기로 기술글쓰기에 종사하는 전문인력이 많이 출현하였는데 이들을 Technical Writer로 부른다.

사용설명서는 대부분 Technical Writer가 담당하기에 대다수의 이공계와는 관련성이 적다. 대다수의 이공계가 쓰는 기술글쓰기는 직장에서 작성하는 보고서나 제안서, 대학에서 작성하는 논문이다.

직장에서 사용하는 기술글쓰기는 간편기술영어(STE: Simplified Technical English)가 좋은 예이다. 항공우주군사산업유럽연합(Aerospace And Defense Industries Association of Europe)도 우주항공 및 군사 분야에 간편기술영어, 즉 통제언어(Controlled English)를 적용함으로써 영어와 비영어권의 의사소통 문제를 해결하였다. 통제언어를 위하여 사양서(ASD-STE100)까지 개발하여 의사소통의 모호함에서 오는 실수나 결함을 최소화하고 있다. 다음은 'ASD-STE100'이 소개하는 원칙과 승인단어 사용에 관한 예이다.

간편기술영어(ADS-STE100)의 원칙

- 사용단어: 승인단어(860개, 자체 사전) + 승인 받는 단어(전문용어)
- 명사의 중첩(Noun Stack): 3개 이내
- 동사: 단순 시제(과거 · 현재 · 미래)만 사용
- 한 문장: 20단어 이내(절차), 25단어 이내(설명)
- 한 문단: 6문장 이내

예1 'Test'는 명사로만 허용되고 동사는 금지된다.

- STE: Do the leak test for the system
- Non-STE: ~~Test~~ the system for leaks

예2 'Close'는 동사로만 허용되고 형용사는 금지된다.

- STE: Close the access panel
- Non-STE: Do not go ~~close~~ (near) to the test rig during the test

예3 'Follow'는 'come after'로만 허용되고 'obey'의 뜻으로는 금지된다.

- STE: Obey the safety instructions
- Non-STE: ~~Follow~~ the safety instructions

기술 서적에서도 장황하고 모호한 글들을 많이 볼 수 있다. 다음의 예[10]는 우리가 자주 접하는 표현들이다.

예4 In this book 1 have attempted an accurate but at the same time readable account of recent work on the subject of how gene controls operate, a large subject which is rapidly acquiring a central position in the biology of today and which will inevitably become even more prominent in the future, in the efforts of scientists of numerous different specialism to explain how a single organism can contain cells of many different kinds developed from a common origin.

▶▶ This book is about how gene controls operate - a subject of growing importance in modern biology.

예5 It is also essential that the interior wall surface of the conduit be maintained in a wet condition, and that means be provided for wetting continually the peripheral interior wall surface during operation of the device, in order to avoid accumulation of particulate matter about the peripheral interior surface area.

▶▶ The interior wall must be wetted regularly so solids do not stick to it.

---

10) R.W. Bly, *The Elements of Technical Writing* (Longman, 1993), pp.7-8.

원칙

3 Google 용법: 구글 번역 및 검색

우리는 영어로 글을 쓰고도 이것이 잘 쓴 것인지, 잘못 쓴 것인지 모른다. 원어민에게 교정을 받아야 안심이 된다. 문법적으로 맞는 단어 · 문장 · 문단으로 글을 쓰더라도 용법(Usage)이 적합하지 않으면 어색한 영어가 된다. 상대에게 '시간 있어요?'라고 물을 때에 'Do you have time?'은 어색하다. 'Are you free?'이다.

영어를 모국어로 하지 않으면 영원히 넘을 수 없는 원초적인 문제이다. 이런 문제를 해결하기 위해 이제까지의 영어 공부는 용법에 대한 공부를 별도로 하였다. 이제는 영작에 관한 한, 용법을 공부하거나 원어민 교정을 받을 필요가 없어졌다. 구글(www.google.com)이라는 강력한 검색도구가 등장하였기 때문이다. 이 도구를 사용하면 내 상황에 맞는 정확한 용법을 쉽게 찾아낼 수 있다.

1 구글로 용법을 검색하는 방법

구글은 강력한 검색엔진이다. 구글 검색창에 키워드를 입력하면 수백만 건의 관련 정보가 순식간에 화면에 나타난다. 검색된 정보에서 가장 많이 쓰이는 영어 용법을 찾아내기만 하면 된다.

그런데 구글 검색은 효력이 강력해서 너무 많은 정보가 나와 혼란스럽다. 좀 더 효율적인 검색을 하기 위해서는 '큰따옴표(" ") 검색'과 '별표(*) 검색', 두 가지 방법을 활용한다.

① 큰따옴표 검색(" " 검색)

구글 검색창에 이 책의 영어 제목을 입력하면 Technical English Writing → 10,100,000개의 검색 결과(2011. 2. 5 기준, 앞으로도 이 시점을 적용)가 나온다. 이 세 단어가 들어 있는 정보가 모두 검색된 것이다. 화면 앞쪽에는 세 단어가 붙어 있으면서 순서도 동일한 것이 나오지만 뒤쪽으로 갈수록 이들이 흩어진다. 이를 일반 검색이라고 부른다.

일반 검색에서는 대문자와 소문자를 구분하지 않는다. 또 다음과 같이 관사 · 전치사 · 특수문자는 무시한다.

일반 키워드 검색에서 무시하는 단어

- 관사: a, the
- 전치사: at, for, in, on
- 구두점과 특수기호: ?, !, @, %, &, /, =

더 정확한 검색을 하고 싶으면 큰따옴표 검색을 한다. 세 단어를 순서대로 나열하고 큰따옴표로 묶어서 "technical english writing"이라고 검색하면 235,000개로 줄어든다. 범위를 더욱 좁혀 "technical English writing for Koreans"라고 검색하면 검색 결과가 없다. 역시나 한국에서는 내가 이 분야를 처음으로 개척하는 모양이다.

이 책 제목을 'English Technical Writing'이라고 하면 어떨까 하는 생각이 들어 큰따옴표 검색을 해보았다. 630,000개가 나온다. 앞의 235,000개 보다 많다. 이 제목이 더 좋을 것 같아 나열된 정보들을 보았더니 대부분 미국 국내용이다. 우리나라에서는 '영어쓰기'를 강조하여야 하니 'Technical English Writing'이 더 적합할 것 같다.

큰따옴표 검색은 특히 정확한 전치사를 찾는 데 매우 유용하다. 먼저 우리말로 시작해서 영작을 해보자. MS Word로 번역을 먼저 해본다. 부산 가는 차표 4장을 주십시오. → Busan is a ticket please your chapter. 번역의 질이 낮다.

이번에는 구글 검색을 해본다. 훨씬 낫다.

G 부산 가는 차표 4장을 주십시오.

➡ 4 Please give me a ticket to Busan.

'4장' 대신에 '네 장'을 넣어본다.

G 부산 가는 차표 네 장을 주십시오.

➡ Please give me a ticket in Busan four.(four tickets으로 변환)

그런데 전치사가 헷갈린다. 앞에서는 'to Busan'이 나왔고 뒤에서는 'in Busan'이 나왔다. 어느 것이 맞을까? 어쩌면 'for Busan'이 더 좋을 것 같다. 그래서 아래와 같이 큰따옴표 검색을 해보니 'to Busan'이 많이 나온다. 원어민이 자주 쓰는 최고의 용법을 찾아내었다.

G **"ticket to Busan"** → 5,262개
"ticket in Busan" → 63개
"ticket for Busan" → 1,320개

Please give me four tickets to Busan.

② **별표 검색**(* 검색)

별표 검색은 조건을 완화할 때 활용한다. 앞에서 큰따옴표 검색 "technical English writing for Koreans" → 0개는 'Koreans'라는 조건이 너무 한정되어 있기 때문이다. 혹시 다른 나라 사람을 위한 것이 있

는지를 알아보려면 별표를 사용한다. 'Koreans' 자리에 별표(*)를 넣으면 된다. 별표가 들어간 자리에는 어떤 단어라도 몇 개씩 들어갈 수 있다는 의미이다. 주의할 점은 별표 검색은 반드시 큰따옴표 검색과 같이 하여야 하고, 또한 * 앞뒤로 한 칸씩 띄워야 한다는 점이다.

"technical English writing for * " → 53,400개가 나온다. 별표 자리에서 나라 이름을 찾으니 없다. 대부분이 전문분야별 글쓰기 과정이다. 분야별로 기술영어쓰기 과정이 많이 진행되고 있다는 것을 알 수 있다.

별표 검색은 또 적절한 단어를 찾을 때에도 활용한다. 문의는 이메일로 저에게 해주십시오.를 영작해 보자. 구글 번역을 하니 Please contact me by email.이 나왔다. 'by'를 대체하는 전치사가 있을까 하고 'by'에 마우스를 갖다 대어도 '대체번역'이 뜨지 않는다. '이메일로'에 해당하는 전치사가 'by' 이외에도 어떤 것이 있는지 알아보려면 이 자리에 별표를 넣어본다.

"contact me * email" → 884,000,000개가 나온다. 먼저 눈에 띄는 전치사가 'via', 'through', 'by'이다. 어느 것이 가장 좋을지 큰따옴표 검색을 해보면 by > via > through 순이다.

더 나은 용법을 찾을 수 있다. 검색창 제일 아랫부분에 '관련 검색'이 있고 'email me'가 있다. 'email'은 동사로도 쓰인다는 뜻이다. 큰따옴표 검색을 해보니 **"email me"** → 48,000,000개 > "contact me by email" → 19,500,000개이다. 'email'은 명사로 쓰이는 경우보다 동사로 쓰이는 것이 대세인 모양이다. 이 표현을 쓰기로 한다.

그런데 하나 더 챙길 것이 있다. 무엇에 대해 메일을 보내야 하는지 대상이 없다. 그리고 보니 대상은 '문의(questions)'이다. 전치사 검색을 해야 하는 것이다. "Email me * questions" 검색에서 먼저 나타나는 전치사가 'with'이다. 아무래도 'about'이 나을 것 같아 큰따옴표 검색을 하니 의외로 **'with'**(4,500,000 > 10,600)가 압도한다. 따라서 최고의 용법은 'Please email me with questions.'이다.

2 한글로 시작하는 영작의 예

다음은 좀 더 어렵고 복잡한 문장을 해보기로 한다. 셋째 장 규칙 2(문단 구조를 알아라)에 나오는 다음의 예문을 활용한다. 번역된 한글을 거꾸로 영작하여 원문에 얼마나 가까운 문장을 만들어 내는지를 보도록 한다. 문장을 하나씩 완성해 본다.

> Paragraph length should aid the reader's understanding of ideas. A series of short, undeveloped paragraphs can indicate poor organization of material and sacrifice unity by breaking a single idea into several pieces. A series of long paragraphs, on the other hand, can fail to provide the reader with manageable subdivisions of thought.

문단의 길이는 독자의 이해를 도와야 한다. 일련의 짧고, 미숙한 문단들은 소재의 형편없는 구성을 지적하는 것이고 하나의 생각을 여러 조각으로 깨트려서 통일성을 희생할 수 있다. 반면에, 일련의 긴 문단들은 생각을 알맞게 분할하여 독자에게 제공하는 데 실패한다.

예문 1.3 **자동번역의 예**

① 첫 번째 문장 번역

G | 문단의 길이는 독자의 이해를 도와야 한다. |

➡ The length of the paragraph should help the reader understand.

단계 1 단문이라 자동번역이 잘된다. 문단에서 첫 번째 문장은 그 문단을 대표하는 소주제문으로 시작하는 것이 좋다. 소주제문은 간결할수록 의사소통과 번역에서 위력을 발휘한다.

단계 2 'understand'에 마우스를 대면 대체번역이 나온다. 'understanding'으로 대체한다. 'reader'도 소유격 'reader's'로 대체한다.

➡ The length of the paragraph should help the reader's understanding.

② 두 번째 문장 앞부분 번역

G | 일련의 짧고, 미숙한 문단들은 소재의 형편없는 구성을 지적하는 것이고 하나의 생각을 여러 조각으로 깨트려서 통일성을 희생할 수 있다.

➡ A series of short, inexperienced paragraph to indicate the configuration of the material will be terrible to think of a unity into pieces kkaeteuryeoseo can sacrifice.

단계 1 문장이 길어서 자동번역이 엉망이다. 이래서 자동번역을 잘 활용하지 않는다. 일단 두 문장으로 나눈다. 마침표(.)를 활용한다. 대체번역을 시도한다.

G | 일련의 짧고, 미숙한 문단들은 소재의 형편없는 구성을 지적하는 것이다.

Immature?

➡ A series of short, ~~inexperienced~~ paragraphs to indicate the ~~configuration~~ of the material is poor.

configuration?

단계 2 'inexperienced'를 대체번역하여 'immature'로 바꾼다. 'immature paragraph'라는 용법을 미국인이 자연스럽게 쓰는지 확인이 필요하다. 큰따옴표 검색을 해본다. 139개가 나온다. 써도 된다. 더 좋은 단어가 없을까 하여 찾아보다가 원문에 나온 'undeveloped paragraph'를 우연히 생각해 내었다고 가정해보자. 검색해보니 107개이다. 'less developed paragraph'도 용법이 많을 것 같아 찾아보니 세 개밖에 안 된다. 실망이다.

G **"immature paragraph"** → 139개
"undeveloped paragraph" → 107개
"less developed paragraph" → 3개

⇨ 'immature paragraph'

단계3 'to indicate'는 문법적으로 틀렸다. 'indicate'로 간략하게 표현한다. 'the configuration of the material is poor'도 문법적으로 틀렸다. 'poor configuration of the material'으로 일단 정정한다. 'configuration'이 이상해서 대체번역을 찾아보아도 같은 단어만 나온다. 우리 글이 정확하지 않아서 생기는 문제일 수도 있다. '구성'이 문제라면 대신 '구조'를 넣어본다. 'structure'가 나왔다. 앞에 형용사 'poor'를 넣어 'poor structure'를 써도 좋은지 확인해 본다. "poor structure of the material" → 3개이다. 문단의 구조는 종종 'organization'으로도 번역되기에 확인을 해보니 "poor organization of the material " → 22,400개로 양호하다. 따라서 두 번째 문장 앞부분은 다음과 같이 번역이 되었다.

G 일련의 짧고, 미숙한 문단들은 소재의 형편없는 구조를 지적하는 것이다.

➡ **A series of short, immature paragraphs indicate poor organization of the material.**

③ 두 번째 문장 뒷부분 번역

주어를 넣어 주어와 술어가 있는 문장으로 만들어 번역한다.

G 그들은 하나의 생각을 여러 조각으로 깨트려서 통일성을 희생할 수 있다.

➡ They think of a unity into pieces kkaeteuryeoseo can sacrifice.

단계 1 '깨트려서'를 구글이 인식하지 못해 'kkaeteuryeseo'로 소리 나는 대로 번역하였다. '깨서'로 대체해보니 'crack'이 나온다.

G 그들은 하나의 생각을 여러 조각으로 깨서 통일성을 희생할 수 있다.

➡ They think of ~~a crack~~ into pieces you can sacrifice the unity.

break?

단계 2 'crack'에 마우스를 대고 대체번역을 해보니 'break'가 나온다. 큰따옴표 검색으로 어느 것이 좋은지 확인한다. **"break ideas"** → 328,000개 > "crack ideas" → 10,800개이다.

단계 3 'break ideas' 뒤에 어떤 전치사가 오는지 정확하게 알고 싶으면 별표 검색으로 전치사 자리에 *를 넣으면 된다. "break ideas *" → 1,320,000개가 나오면서 전부가 'into'인 것을 알 수 있다.

단계 4 목적어가 두 개('생각을'과 '통일성을')여서 번역이 어렵다. 번역은 단문이 최고이다. 단문의 효과를 내기 위해 슬래시(/)를 활용해본다.

G 그들은 하나의 생각을 여러 조각으로 깨서 / 통일성을 희생할 수 있다.

➡ They think of a crack in pieces / you can sacrifice the unity.

단계 5 단문만을 쓰는 것은 토막 글이라서 좋지 않다. 두 문장을 합치는 방법은 다음과 같으며 이 경우에는 전치사구(by breaking)가 적합하다.

- 접속사(and/or)를 쓰는 중문(예: They break an idea into ... and ...)
- 종속절을 쓰는 복문(예: They break an idea into ... which ...)
- 전치사구(예: by breaking an idea into several pieces)
- 동명사구(예: breaking an idea into several pieces)
- 과거분사구(예: broken by an idea into several pieces)

도표 1.6 긴 문장을 만드는 방법

단계 6 뒷문장의 번역은 다음과 같이 완성되었다.

G 그들은 하나의 생각을 여러 조각으로 깨서 통일성을 희생할 수 있다.

➡ They can sacrifice the unity by breaking an idea into several pieces.

단계7) 앞문장과 뒷문장을 합쳐 하나의 문장으로 만드는 작업이 남았다. 'and'를 쓰는 중문으로 바꾸는 것이 좋을 것 같다. 훌륭한 문장이 탄생하였다.

➡ A series of short, immature paragraphs indicate poor organization of the material and sacrifice the unity by breaking an idea into several pieces.

④ 마지막 문장 번역

G | 반면에, 일련의 긴 문단들은 생각을 알맞게 분할하여 독자에게 제공하는 데 실패한다.

➡ On the other hand, think a long series of paragraphs partitioned accordingly fails to provide the reader.

단계1) 'think a long series of paragraphs partitioned accordingly'에서 음영부분이 이상하다. 어느 부분이 이렇게 번역됐는지를 확인해보면(이 단어들에 마우스를 대면 한글 원문의 색깔이 노랗게 변한다) '생각을 알맞게 분할하여'이다. 이 부분은 과거분사 형태의 수식어구이다. 이럴 때에는 괄호로 묶어 주는 것이 좋은 방법이다. 이를 하나의 명사구('알맞게 분할된 생각')로 바꾸면 간단한 단문 구조(문장 4형식: 주어+동사+간접목적어+직접목적어)가 된다. 이렇게 한글 문장을 바꾸어 번역한다.

G 반면에, 일련의 긴 문단들은 (알맞게 분할된 생각)을 독자에게 제공하는 데 실패한다.

➡ On the other hand, a long series of paragraphs (appropriately partitioned think) is failing to provide to the reader.

단계2 '알맞게 분할된 생각'을 대체단어를 활용해서 'properly divided thought'로 고친다.

➡ On the other hand, a long series of paragraphs is failing to provide to the readers properly divided thought.

단계3 'provide'의 용법이 정확한지 별표 검색을 해본다.

"provide readers * " → 6,420,000개가 나오면서 'provide readers with'가 대부분이다. 'provide'는 'with'와 함께 쓰는 중요한 용법이 있었다.

➡ On the other hand, a long series of paragraphs fails to provide readers with properly divided thought.

단계4 두 번째 문장의 주어가 'A series of short, immature paragraphs'이었다. 문장의 통일성을 갖기 위해서는 병치구조가 바람직하다. 'a long series of paragraphs'를 'a series of long paragraphs'로 고친다.

➡ On the other hand, a series of long paragraphs fail to provide readers with properly divided thought.

둘째 장

실용 글쓰기

Practical Writing

1. 이메일 쓰기
2. 한 장의 보고서: 핵심요약 쓰기
3. 문단 쓰기

TECHNICAL
ENGLISH WRITING

1 Email 이메일 쓰기

회사에서 가장 많이 쓰는 문서가 이메일(email)이다. 그런데 영어 이메일 한번 보내려면 전쟁이다. 먼저 전례를 찾아본다. 있으면 다행인데 없으면 영작부터 해야 한다. 머리를 싸매고 실력을 총동원해서 초안을 만들어도 자신이 없다. 원어민에게 검토를 시키면 좋겠는데 이것이 여의치 않다. 검토를 시키더라도 시간이 많이 걸린다. 이래서는 이메일 본연의 신속성이 없어진다.

영작도 이젠 기계적으로 자동으로 할 수 있다. 한글로 작성해서 국내용 · 국외용을 한꺼번에 해결할 수 있다. 이메일 작성 원칙에 따라 한글 문장을 먼저 작성하고 구글 자동번역 및 검색 시스템을 활용하면 가능한 일이다.

1 원칙

- 정보를 소주제별로 구분하여 문단에 담는다.
- 상대가 예상하는 위치에 해당 정보를 둔다.
- 핵심 정보를 문단 앞에 가장 짧게 둔다.
- 최소한의 단어로 최대한의 정보를 전한다.
- 구글 자동번역을 활용한다.
- 구글 검색으로 상황별 용법을 정확히 구현한다.

2 단계적 영작

① 첫 번째 단계: 문단 구분을 명확하게 한다

서론 · 본론 · 결론을 문단으로 나누고 이들을 블록(Block)으로 구분한다. 즉 문단 사이를 한 줄씩 띄운다.

제목

제목에 내용의 50%를 담는다. 서술형도 좋다. 핵심 내용을 구체적으로 적는다. 받는 사람이 제목만 보고도 결론을 알 수 있게 한다. 작성자 이름을 병행하는 것도 읽히지 않고 버려지는 것을 방지할 수 있다. 긴급한 사항은 'Urgent;'를 제목 앞에 붙인다.

답변(re;) 형식의 제목은 한두 번은 좋으나 그 이상은 난잡하다. 다른 사람에게 참조(cc;)를 보내게 되는 경우에 참조인이 배경까지 전부 읽어야 하기 때문이다. 적절한 기회에 새로운 주제를 제목으로 삼는다.

서론(인사말)

간단한 인사말로 시작한다. 그리고 처음 쓰는 메일에는 작성자가 누군지를 밝히고, 진행중인 메일인 경우에는 무엇에 대한(regarding) 내용인지를 알려준다.

본론(핵심 내용)

전하고자 하는 내용을 소주제(Topic)별로 구분한다. 중요한 순서로 이들을 배열하고 한 문단씩 적는다. 각 문단의 첫 번째 문장은 소주제문(S_1)이 짧게 온다. 주어-목적어-서술어 형태가 가장 바람직하다. 영문자동번역이 잘되기 때문이다. 읽는 사람이 소주제문(S_1)만 정확히 이해하면 나머지 정보는 영문이 잘못되어도 그 영향이 크지 않다. 두 번째 문장은 이유(S_2)나 방법(S_2)으로 설명한다. 한 줄 반을 넘기지 않는다. 세 번째 문장은 자료(Data)에 대한 언급을 간략하게 한다. 구체적인 것은 첨부한다. 마지막 문장은 주로 생략한다. 아주 중요한 내용일 때만 소주제를 강조(S_1)한다.

결론(제안 및 인사)

요구나 제안이 있을 때 명확하게 이를 표현한다. 본론은 주로 정보제공이고 결론은 주로 행동요구이다. 행동요구를 본론의 정보제공 안에 숨기지 않도록 주의해야 한다.

② 두 번째 단계: 한글 문장을 짧게 단문으로 쓴다

글은 적게 쓸수록 잘 쓰는 것이다. 그러려면 읽는 사람이 필요로 하는 정보를 군더더기 없이 제공하여야 한다. 거기에다 읽는 사람이 쉽고, 정확하게 이해하면 더할 수 없이 좋은 글이다.

이렇게 하려면 문장은 짧게 써야 한다. 행위자를 주어로 하고 서술어를 빨리 드러낸다. 그래서 단문이 가장 유리하다. 단문 대신에 슬래시(/)나 콤마(,)도 같은 효과를 낸다. 되도록 자동번역이 가능하도록 한글 문장을 작성한다. 주어가 빠지지 않도록 각별히 유의한다.

③ 세 번째 단계: 구글 번역 및 영작을 한다

구글 번역을 활용한다. 번역문이 이상하면 괄호나 슬래시, 콤마를 활용하여 최대한 알아볼 수 있는 영작문으로 만든다. 표현이 적절하지 않는 단어는 마우스를 대어 대체번역을 한다. 전치사나 적절한 단어가 생각나지 않으면 별표(*) 검색을 실시한다. 용법이 가장 많은 문장을 큰따옴표(" ") 검색을 활용하여 채택한다. 인터넷상에 많은 이메일 표현 문장이 나와 있기에 최상의 용법을 쉽게 찾을 수 있다.

3 이메일 작성 예

본문의 구성은 S_1-S_2-S_3-S_3로 한다. S_1(소주제문)이 짧고, S_2(이유)가 최대 한 줄 반이다. S_3(자료)는 되도록 짧게 쓴다. 긴 것은 첨부한다.

제목: 충격흡수기(SA-10) 성능 저하

안녕하십니까. 당신의 질의에 답변을 드리게 되어 기쁘게 생각합니다. 저는 충격흡수기 유지 · 보수를 담당하고 있는 과장 이종주입니다.

이런 현상은 지난번 냉각재 누출사고와 관련이 있을 가능성이 큽니다. 왜냐하면 SA-10이 장시간 고온에 노출되면 성능 저하가 일어나는 매우 드문 현상이 나타날 수 있기 때문입니다. 이 가능성을 확인하는 방법은 유압 용액의 점도와 비중을 점검하는 것입니다. 이들의 실험수치가 다음과 같으면 원인이 고온에의 노출입니다.

- 유압 용액의 점도: □ 미만
- 유압 용액의 비중: □ 미만

다행이 이 문제를 해결하는 방법은 비교적 간단합니다. 유압 용액을 교체하고 점검주기를 1년에서 6개월로 단축하는 것입니다. 시료 채취 및 해석 방법에 대한 구체적인 내용에 관해서는 별첨 자료를 활용하여 주시기 바랍니다.

제 답신이 많은 도움이 되기를 기원합니다. 추가정보가 필요한 경우에는 언제든지 저와 접촉해 주시기 바랍니다.

건승을 빕니다.

첨부: 시료 채취 해석 방법 매뉴얼

예문 2.1 이메일의 예(한글)

① 서론(인사말)

G

제목: 충격흡수기(SA-10) 성능 저하
안녕하십니까. 당신의 질의에 답변을 드리게 되어 기쁘게 생각합니다. 저는 충격흡수기 유지 · 보수를 담당하고 있는 과장 이종주입니다.

➡ Title: Shock Absorber (SA-10) performance

Hello. To answer your question is I'm delighted. Shock Absorber I am responsible for maintenance and is a Director Lee Jong Joo.

단계 1 영문을 가다듬는다.

① 제목: '저하'에 대한 번역이 없다. ' / '를 '성능' 뒤에 넣으니 '/ Degradation'이 나타난다.

② 인사말: 'Hello'는 어색하기 때문에 뺀다.

③ '충격흡수기 유지 · 보수를 담당하고 있는'이 과장을 수식하는 수식어구이다. 괄호(( ))를 활용하여 이를 분리한다.

➡ To answer your question is I'm delighted. I (shock absorber is in charge of maintenance) manager is Lee Jong Joo.

④ 문장 배열 및 어감 조정

➡ I am delighted to answer your questions. I am Lee Jong Joo, the Chief Manager in charge of maintenance of SA-10.

단계2 'delighted' 용법을 확인한다.

G "I am delighted to answer your questions" → 1,980개. 너무 적은 것 같아 별표 검색으로 어떤 단어가 좋은지 찾아본다.

G "I am * to answer your questions" → 21,800,000개. 너무 많다. 'happy', 'glad', 'able', 'unable', 'trying', 'going'이 많이 나오므로 '고급검색'(검색창 옆에서 클릭)에서 이들 단어를 제외한다.

G "I am * to answer your questions" -happy, -glad, -able, -unable, -trying, -going → 2,560,000개. 여전히 많아 포기. 검색 과정에서 'pleased'가 눈에 띄어 이것은 어떨까 싶어 넣어 본다.

G **"I am pleased to answer your questions"** → 32,700개이다. 'delighted'보다 15배가 많아 'pleased'를 선택한다.

단계3 'in charge of' 용법을 확인한다. 첫 번역에서는 'responsible for'이었는데 단계1에서 괄호를 넣으니 'in charge of'로 바뀌었다.

G **"I am responsible for"** → 22,400,000개 > "I am in charge of" → 5,340,000개로 'I am responsible for'가 압도한다. 슬래시 부분을 관계대명사 'who'를 써서 묶는다. 최상의 용법으로 정리한다.

➡ I am pleased to answer your questions. I am Lee Jong Joo, the Chief Manager who is responsible for SA-10.

② 본론 첫째 문단

G 이런 현상은 지난번 냉각재 누출사고와 관련이 있을 가능성이 큽니다.

➡ The last time this phenomenon may be related to coolant leak is more likely.

단계 1 번역이 잘되었다. 본론 문단의 소주제문을 단문의 형식으로 하면 급한 경우에는 국내용을 그냥 자동번역하여 외국에 보내도 상대가 이해하는 데 전혀 지장이 없다. 이 번역을 조금 손질한다.

➡ This phenomenon might be related to the coolant leak the last time.

단계 2 두 번째 문장인 이유(S2)를 번역한다. 복문이므로 괄호(( ))로 묶어준다.

G 왜냐하면 (SA-10이 장시간 고온에 노출되면) 성능 저하가 일어나는 매우 드문 현상이 나타날 수 있기 때문입니다.

➡ Because (A-10 when exposed to high temperatures for a long time) performance degradation occurs because you can see a very rare phenomenon.

① 괄호 안의 종속문장은 거의 완벽하다.

➡ When SA-10 is exposed to high temperatures for a long time.

② '왜냐하면 …때문입니다'는 힘글 숫자 2(S2)를 보여주는 좋은 신호이다. 영어로 번역하면 단문일 경우에는 'because'가 적절하지만 복문일 경우에는 원인-결과를 나타내는 종속절('if-절'이나 'when-절')로 나타난다.

③ 주절을 'you can see'로 한다.

➡ you can see a very rare performance degradation.

단계 3 세 번째 문장인 방법(S2)을 번역한다.

G | 이 가능성을 확인하는 방법은 유압 용액의 점도와 비중을 점검하는 것입니다.

➡ How to determine the possibility of a hydraulic solution is to check the viscosity and specific gravity.

① '확인하는 방법'에 마우스를 대니 'determine'이다. 대체번역도 'check'가 고작이다. 슬래시를 '방법은' 뒤에 넣어 보았더니 'conform the possibility/'가 나온다. 바로 이것이다.

② 주절이 너무 길다. 아홉 단어이다. 'The conformation of the possibility', 다섯 단어로 줄인다.

③ 'solution'을 대체번역하니 'liquid'이다. 많이 보는 전문용어이다.

④ 문장을 정리한다.

➡ The conformation of the possibility is to check viscosity and specific gravity of the hydraulic liquid.

단계 4 네 번째 문장인 증명(S3)을 번역한다. 문장을 슬래시(/)로 나누어 준다.

G | 이들의 실험 수치가 다음과 같으면 / 원인이 고온에의 노출이었습니다.
– 유압 용액의 점도: □ 미만
– 유압 용액의 비중: □ 미만

➡ The following figures the same as those of the experiment / the cause was exposure to high temperatures.

– The viscosity of hydraulic liquid: under □

– The gravity of hydraulic liquid: under □

① 실험 '수치'가 'figures'이다. 대체번역도 'number'이다. 'experimental data'가 입에 익은 용어이다.

② 'under'를 대체번역하니 'below'이다. 'If-절'을 사용하여 정리한다.

➡ If experimental data are as follows, the cause was exposure to high temperatures.

– The viscosity of hydraulic liquid: below □

– The gravity of hydraulic liquid: below □

③ 본론 둘째 문단

G | 다행히 이 문제를 해결하는 방법은 비교적 간단합니다.

➡ Fortunately, this problem is relatively simple to resolve.

단계1 거의 완벽한 번역이 나왔다. 'It … to' 구문으로 고친다. 'resolve'를 'solve'로 대체번역한다.

➡ Fortunately, it is relatively simple to solve this problem.

단계2 두 번째 문장인 이유(S2)를 번역한다. 중문이므로 슬래시(/)로 구분한다.

G | 유압 용액을 교체하고 / 점검주기를 1년에서 6개월로 단축하는 것입니다.

➡ Hydraulic solution to replace / check cycle is shortened to 1-6 years will be.

① 'replace'를 대체번역하니 그대로이다. '교체'를 '교환'으로 바꾸어보니 'exchange'가 나온다. 어느 것이 좋은지 큰따옴표 검색을 해 본다.

G "replace hydraulic liquid" → 0개,

"exchange hydraulic liquid" → 0개이다.

② 큰따옴표가 없는 일반검색에서 아랫부분을 보니 'hydraulic fluid'가 많이 보인다.

G **"replace hydraulic fluid"** → 31,300개 >

"exchange hydraulic fluid" → 788개이다. 조금 전에 결정한 'hydraulic liquid'는 오류였다.

③ 문장을 완성한다.

➡ Replace the hydraulic fluid and shorten the check cycle from one year to six months.

단계 3 세 번째 문장인 증명(S3)을 번역한다. 문장이 길어 슬래시(/)로 구분한다.

G | 시료 채취 및 해석 방법에 대한 구체적인 내용에 관해서는 / 별첨 자료를 활용하여 주시기 바랍니다.

➡ Sampling and analysis methods with regard to the specific details / Exhibit materials, please take advantage of.

① 'specific'의 대체번역을 보니 'detailed'가 나온다. 그렇다면 'detailed information'이 더 나을 것 같아 큰따옴표 검색을 한다.

G **"detailed information"** → 41,700,000개 >
"specific details" → 6,860,000개이다.

② 'detailed information' 뒤에 'about'이 좋은지 'for'나 'on'이 좋은지 큰따옴표 검색을 한다.

G "detailed information **on**" → 132,000,000개 >
"detailed information about" → 112,000,000개 >
"detailed information for" → 61,600,000개이다.

③ 'Exhibit'를 대체번역하니 'Attachment'가 나온다. 'attached data'가 좋을지 'attached information'이 좋을지 큰따옴표 검색을 한다.

검색 과정에서 'please refer to attachment'가 많이 발견된다.

④ 문장을 다듬는다.

➡ Regarding the detailed information on the sampling and analysis method, please refer to the attachment.

④ 마무리(인사말)

G | 제 답신이 많은 도움이 되기를 기원합니다. 추가정보가 필요한 경우에는 언제든지 저와 접촉해 주시기 바랍니다. (마지막 인사)

➡ I hope you will help a lot of response. If you need additional information, please contacted me at any time.

단계 1) 문장을 다듬는다.

➡ I hope my response helps you a lot. If you need additional information, please contact me at any time.

단계 2) 마지막 인사는 한글로 검색한다.

G | 영문 이메일 마지막 인사 | → '영문 이메일 표현'에 대한 사이트가 많이 나와 있다. 여기서 'Sincerely yours'와 'Best regards'가 가장 많다.

단계 3) 영문 문장을 모아 이메일을 완성한다.

Title: Shock Absorber (SA-10) Performance Degradation

I am pleased to answer your questions. I am Lee Jong Joo, the Chief Manager who is responsible for SA-10.

This phenomenon might be related to the coolant leak the last time. When SA-10 is exposed to high temperatures for a long time, you can see a very rare performance degradation. The conformation of the possibility is to check viscosity and specific gravity of the hydraulic fluid. If experimental data are as follows, the cause was exposure to high temperatures.

– The viscosity of hydraulic fluid: below □

– The gravity of hydraulic fluid: below □

Fortunately, it is relatively simple to solve this problem. Replace the hydraulic fluid and shorten the check cycle from one year to six months. Regarding the detailed information on the sampling and analysis method, please refer to the attachment.

I hope my response helps you a lot. If you need additional information, please contact me at any time.

Sincerely yours.

Attachment; Manual on Sampling and Analysis Method

예문 2.2 완성된 영문 이메일

2 Executive Summary
한 장의 보고서: 핵심요약 쓰기

독자는 모두가 바쁘다. 두꺼운 분량의 보고서를 읽지 않고도 내용의 전부를 알고 싶어 한다. 그래서 모든 보고서는 전체 내용을 요약한 핵심요약(Executive Summary)을 포함한다. 핵심요약의 분량은 보고서의 내용과 형식이 다양한 만큼 천차만별이어서 1~50장이다.

속도경영이 보편화된 요즈음은 대부분의 회사가 한 장의 보고서를 작성자에게 요구한다. 즉 핵심요약을 한 장으로 하라는 것이다. 한 장의 보고서에 대한 형식도 통일하여 양식을 갖추어 놓은 회사도 많다. 작성자는 양식과 전례에 따라 기계적으로 해당 사항을 담기만 하면 된다.

그런데 한 장의 보고서를 영문으로 작성할 일이 생기면 이야기가 달라진다. 구글 검색으로 "한 장의 보고서"를 넣어보아도 'The One Page Project Manager'[1)]에 대한 내용이 거의 전부이다. 프로젝트 관리에나 도움이 될까 자신의 업무에 직접적으로 참고할 수가 없다. 그래서 "Executive Summary Samples"를 넣어보았더니 58,200개이다. 너무 많다. 대부분이 유료 양식을 파는 소프트웨어이다. 또 대상이 사업계획 · 마케팅 · 이력서 등이다. 이럴 때에는 검색창 옆에 있는 '고급검색'이 힘을 발휘한다.

- 다음 단어 모두 포함 → one page
- 다음 단어 제외 → business plan marketing resume

⇒ 150개

유사 항목을 제외하고 실제로 화면에 나타난 것은 23개밖에 되지 않는다. 이것이다 싶어 하나씩 읽어보지만 딱히 내 상황에 맞는 예제가 없다. 유료 템플릿과 예제를 사고 싶은 생각이 들지만 실현되기가 힘들다. 이럴 때 힘글쓰기와 구글은 막강한 힘을 발휘한다. 한글 문서로 영작까지 할 수 있다. 원어민에게 교정을 받을 필요도 없다.

1 원칙

- 핵심요약의 구조를 인지한다.
- 문단은 힘글쓰기 문장 숫자로 전개한다.

---

1) 안진환(역), 《강력하고 간결한 한 장의 보고서》 (Campbell, Clark A. *The One Page Project Manager*, 을유문화사, 2007)

- 문단에서 증명(사실 · 자료 · 의견 · 예)은 제외한다.
- 구글 자동번역을 활용한다.
- 구글 검색으로 상황별 용법을 정확히 구현한다.

2 단계적 영작

① 첫 번째 단계: 핵심요약의 구조를 인지한다

보고서는 종류가 많지만 크게 보면 상황보고서 · 제안서 · 기획서로 나눌 수 있다. 이들은 형식이 다르지만 공통점은 필수정보를 담고 있다는 것이다. 즉,

필수정보	보고서에서 나타나는 형태	힘글쓰기 숫자
무엇(What)	주제/소주제(Topic), 목적(Purpose)	1 – 주제/주장
왜(Why)	배경 및 필요성(Background & Need) 문제점(Problems)	2 – 근거(이유)
어떻게 (How)	해결방안(Solutions) 돈(Budget), 시간(Schedule), 인력(Manpower)	2 – 근거(방법)
따라서 (So What)	결과(Result), 결론(Conclusion) 건의(Recommendations) 앞으로의 추진계획(Action Plan)	4 – 주제/주장 강조

도표 2.1 보고서의 필수정보와 힘글쓰기와의 상관관계

보고서

- 제목에서 무엇에 대한 보고인지를 압축해서 알린다.
- 목적에서 무엇에 대한 보고인지를 상세히 설명한다. 종종 배경 및 필요성을 포함시키기도 한다.
- 문제점을 지적한다.
- 해결방법을 설명한다. 필요한 경우 증명 자료(힘3)를 붙인다.
- 결과 및 결론, 건의사항을 제시한다.

제안서

- 제목에서 무엇에 대한 제안인지를 압축해서 나타낸다.
- 목적에 배경 및 필요성을 간략하게 제시한다.
- 문제점은 생략한다. 제안요청이 나오게 된 원인이기 때문이다.
- 해결방안을 제시한다. 이 부분이 제일 중요하다. 따라서 증명(힘3)을 해야 한다. 돈 · 시간 · 인력에 관한 자료를 포함시킨다.
- 사내 제안일 경우에는 건의사항을 제시한다.

기획서

- 제목에서 무엇에 대한 기획인지를 압축해서 나타낸다.
- 목적에 배경 및 필요성을 담는다.
- 문제점을 심층 분석한다. 기획은 문제 발견이 제일 중요하다. 표면적인 원인을 넘어 근본적인 문제를 찾아낸다. 조사활동이 필요하고 조사 자료(힘3)로 증명한다.
- 근본 문제에 대한 해결책을 찾아낸다.
- 건의나 향후 추진계획을 제시한다.

② 두 번째 단계: 한글 문장을 짧게 단문으로 쓴다

자동번역이 가능하도록 단문 위주로 쓴다. 병치구조(Parallelism)는 '글머리 기호'(Bullet)를 이용하여 리스트(List) 형식으로 쓰면 유리하다. 간단한 도표나 그림으로 쉽게 표현하도록 노력하여야 한다.

각 문단은 소주제문(S1)으로 시작한다. 그 다음에 이유(S2)나 방법(S2)을 여러 문장으로 제시한다. 핵심요약에는 기본적으로 증명(사실 · 의견 · 자료 · 예)은 들어가지 않는다. 양이 많아지기 때문이다.

그런데 증명이 들어가는 경우가 있다. 제안서의 경우에는 해결방안이 제일 중요하므로 돈 · 시간 · 인력에 대한 자료가 포함된다. 반면에 기획서의 경우에는 근본적인 문제 발견을 위하여 조사자료가 포함된다.

이렇게 한글로 핵심요약을 작성하면 구글 번역으로 영작을 한다. 최상의 용법으로 한 장의 보고서를 영문으로 작성할 수 있다.

3 보고서 작성 예

다음과 같은 내용으로 조사보고서를 한글로 작성하였다. 구조는 '무엇을(목적)', '왜(배경 및 문제점)', '어떻게(해결방법)' 및 '따라서(결과, 결론, 건의)'이다. 번역의 편의상 내용을 최소화하였다.[2)] 문단의 구성을 S1-S2

로 한다. S_1(소주제문)은 짧고, S_2(이유)는 한 줄 반을 넘기지 않는다. 명심할 것은 한글 문장을 잘 써야 번역이 잘된다는 점이다.

제목: 스마트폰 영향에 관한 조사보고서

핵심요약

이 보고서는 스마트폰의 확대가 우리 회사의 경영에 미칠 영향을 조사한 것입니다. 이 조사의 목적은 단지 행정업무 운영상에 미치는 영향을 밝혀내는 것이 아니고, 보다 회사 전반적인 업무(제품개발 · 영업 등)에 미치는 영향을 밝혀내는 데 있습니다.

이 보고를 하게 된 배경은 스마트폰의 활용도가 우리의 예상을 초월하고 있는 현상에 기초를 두고 있습니다. 당장은 우리 회사에 미칠 영향은 적지만 장기적으로 전략을 미리 대비할 필요성이 있습니다.

이 조사를 진행한 세 가지 방법은 다음과 같습니다.

- 세계적 동향 파악(구체적 내용: S_1-S_2-S_3)
- 전문가의 의견 청취(구체적 내용: S_1-S_2-S_3)
- 구체적 사례조사(구체적 내용: S_1-S_2-S_3)

결과는 스마트폰이 미래의 표준이 될 가능성이 높은 것을 보여 주었습니다. 따라서 결론은 우리 회사가 이른 시일 내에 스마트폰을 도입하는 것입니다. 행정업무뿐 아니라 제품개발과 마케팅에도 스마트폰과 연계할 것을 건의합니다.

예문 2.3 조사보고서의 예(한글)

2) 너무 간략하게 하다 보니 연구 논문의 초록(Abstract)과 같은 형태가 되었다. 실제의 조사보고서는 여기에 살을 붙여야 한다.

① 제목 및 서론

G

> 제목: 스마트폰 영향에 관한 조사보고서
>
> 핵심 / 요약
> 이 보고서는 / 스마트폰의 확대가 우리 회사의 경영에 미칠 / 영향을 조사한 것입니다. 이 조사의 목적은 단지 행정업무 운영상에 미치는 영향을 밝혀내는 것이 아니고, 보다 회사 전반적인 업무(제품개발 · 영업 등)에 미치는 영향을 밝혀내는 데 있습니다.

➡ Title: Smartphones ~~survey~~ *investigation?* report on the ~~impact~~ *effects*

~~Core~~ *Executive* / Summary

This report / Smartphone expansion will have on our company's management / ~~investigation~~ *survey?* will be affected. The purpose of this investigation only in administrative ~~duties~~ *works* rather than being limited to the effect, rather than the ~~overall~~ *whole?* company business (product development, marketing, etc. and /include) is to ~~pay out~~ *identify* the effect.

단계 1 '조사보고서'는 'survey report'로, '조사한'은 'investigation'으로 번역이 되었다. 대체번역에서도 'survey' ↔ 'investigation'로 서로 대체가 가능하다. 어느 표현이 좋은지 큰따옴표 검색을 한다.

G **"survey report"** → 2,120,000개 >

"investigation report" → 1,120,000개이다.

G **"investigated"** → 58,200,000개 >

"surveyed" → 17,900,000개이다.

'survey'는 명사로, 'investigate'는 동사로 많이 쓰인다. 그렇다면 'The survey investigated'가 가능한지 확인해 본다. 가능하다.

G **"survey investigated"** → 56,400개 >

"investigation surveyed" → 1,900개이다.

단계 2) 대체번역 과정에서 어느 것이 좋은지 큰따옴표 검색을 한다.

G **"overall company's business"** → 9,740개 >

"whole company's business" → 4,190개이다.

단계 3) 문장을 다듬는다.

➡ Title: Survey Report on Smartphone Effects

Executive Summary

This report investigated the effects of Smartphone on our company's management. The purpose of this survey was not limited to effects on administrative works, rather to identify effects on overall company business(including product development and marketing).

② 배경 및 필요성

G 이 보고를 하게 된 **배경**은 / 스마트폰의 활용도가 우리의 예상을 초월하고 / 있는 현상에 기초를 두고 있습니다. 당장은 우리 회사에 미칠 영향은 적지만 / 장기적으로 전략을 미리 대비할 **필요성**이 있습니다.

Usage?

➡ For the background to this report / Smartphone beyond our expectations, ~~utilization~~ and / is based on the phenomenon. Immediate impact on our company is low / long-term strategy is the need to prepare in advance.

단계 1) 대체번역 과정에서 어느 것이 좋은지 큰따옴표 검색을 한다.

G **"usage of Smartphone"** → 9,980개 >

"utilization of Smartphone" → 32개

단계 2) 영문을 다듬는다.

➡ The background of this report was based on the phenomenon that the usage of Smartphone was beyond our expectations. Even though immediate impact on our company is low, we need to prepare long-term strategies in advance.

③ 조사방법

G | 이 조사를 진행한 세 가지 방법은 다음과 같습니다.
- 세계적 동향 파악(구체적 내용: S_1-S_2-S_3)
- 전문가의 의견 청취(구체적 내용: S_1-S_2-S_3)
- 구체적 사례조사(구체적 내용: S_1-S_2-S_3)

➡ For the survey conducted in three ways as follows.

- analysis of global trends (detailed information; S_1-S_2-S_3)
- expert opinion (detailed information; S_1-S_2-S_3)
- specific case studies (~~specific~~ information; S_1-S_2-S_3)

Detailed?

단계 1 '구체적인 내용'이 각각 다르게 번역되었다. 큰따옴표 검색을 한다.

G **"detailed information"** → 41,700,000개 >

"specific information" → 6,830,000개이다.

단계 2 문장을 다듬는다.[3)]

➡ This survey was conducted in three ways as follows;

- Analysis of global trends(detailed information: S_1-S_2-S_3)
- Expert opinions(detailed information: S_1-S_2-S_3)
- Specific case studies(detailed information: S_1-S_2-S_3)

---

3) 방법은 수동태가 대부분이다. 행위의 주체가 연구자로 너무 뻔하기 때문이다. 목적, 결과, 결론, 건의처럼 의인화하기가 어렵다.

④ 결과, 결론 및 건의

G 결과는 / 스마트폰이 미래의 표준이 될 / 가능성이 높은 것을 보여 주었습니다. 따라서 결론은 / 우리 회사가 이른 시일 내에 스마트폰을 경영에 채택하는 / 것입니다. 행정업무뿐 아니라 제품개발과 마케팅까지 포함하는 / 스마트폰 경영을 모든 업무에 확대할 것을 건의합니다.

➡ Results / Smartphones become the standard for the future / that has ~~demonstrated~~ *showed* high potential. Therefore, the conclusion / our company for business as soon as possible to adopt smart phones / will. Administrative ~~duties~~ *works* including product development and marketing, as well as a / smartphone management, suggesting that all business is expanding.

단계 1) 마지막 부분은 번역이 아주 잘된다. 문장을 다듬는다.

➡ The result showed that Smartphone would become the standard for the future. Therefore, the survey concluded that our company should adapt Smartphone for business as soon as possible. The team suggests that Smartphone management should expand to all business including not only administrative works but also product development and marketing.

3 Paragraph
문단 쓰기

영문에서 문단 구조(Paragraph Structure)는 매우 중요하다. 하나의 소주제(Topic)를 중심으로 통일성(Unity)을 지니고 이를 1차적으로 뒷받침하는 근거(이유/방법)와, 다시 이를 2차적으로 뒷받침하는 증명(사실/자료/의견/예)을 가짐으로써 완결성(Well-Developed)을 확보한다. 따라서 하나의 문단을 잘 쓰게 되면 이를 확대한 한편의 글도 잘 쓰게 된다.

통일성과 완결성을 지닌 하나의 문단을 한글로 작성하고 이를 구글 번역과 검색을 활용하여 영작을 해보도록 한다.

1 원칙

◉ 소주제문(S1)을 짧게 쓴다(주어+목적어+서술어의 형태가 바람직).

◉ 근거는 이유/방법(S2)을 한 줄 반 이내로 쓴다.

◉ 증명은 사실/자료/의견/예(S3)를 길게 써도 된다.

◉ 소주제 강조문(S4)을 짧게 쓴다.

2 문단 쓰기 예

영어 문단[4)]을 한글로 번역한 문단을 소개한다. 이 한글 문단을 구글로 번역하고 용법을 검색하여 영문을 완성한다. 이렇게 작성된 영문을 원래의 영문과 비교해 그 품질을 확인해 보기로 한다.

> 석유를 탐사하는 산술은 황량하다. 과학적인 온갖 탐사방법에도 불구하고 땅속에 석유가 확실히 있다고 확신하는 유일한 방법이 우물을 뚫는 것이기 때문이다. 석유 우물 하나 뚫는 평균 비용이 30만$를 초과하고, 종종 800만$를 초과하는 것도 있다. 그리고 한 번 우물을 뚫어도, 석유가 있을 확률은 8:1밖에 되지 않는다! 석유밭이 발견되었다 하더라도, 네 개의 구멍 중 하나는 마른 구멍인데 이는 매장량이 불확실하기 때문이다. 석유 채굴업자는 마크 트웨인이 언급한 '포커게임에서 에이스 네 장을 쥔 기독교인의 조용한 확신'을 결코 알 수 없다.

4) G.J. Alred, C.T. Brusaw, and W.E. Oliu, *Handbook of Technical Writing* (St. Martin's Press, 2000), p.435.

① 첫 번째 문장

G 석유를 탐사하는 산술은 황량하다.

➡ The arithmetic is bleak for oil exploration.

단계 1 'for oil exploration'을 'The arithmatic' 다음으로 옮긴다. 전치사가 'of'와 'for' 가운데 어느 것이 더 좋은지 큰따옴표 검색을 해본다.

G "＊ **of oil exploration**" → 2,770,000개 > "＊ for oil exploration" → 1,960,000개이다. 근소하지만 'of'의 승리이다.

단계 2 첫 문장은 'The arithmetic of oil exploration is bleak.' 이다. 참고로 원문은 'The arithmetic of searching for oil is stark.'이다. 원문에 있는 'stalk'를 검색해보았더니 'bleak'보다 빈도가 낮다.

② 두 번째 문장

G 과학적인 온갖 탐사방법에도 불구하고 / (땅속에 석유가 확실히 있다고 확신하는) 유일한 방법이 우물을 뚫는 것이기 때문이다.

➡ Despite all the methods of scientific detection / (make sure you are confident that the oil in the ground) because the only way drilling wells.

단계 1 주절문의 주어를 'the only way'로 하고 ( ) 안의 내용을 'to'로 연결하면 문장이 부드러워진다.

➡ Despite all the methods of scientific detection, the only way to make sure that the oil is in the ground is to drill wells.

(원문: For all the scientific methods of detection, the only way the oil driller can actually know for sure that there is oil in the ground is to drill a well.)

③ 세 번째 문장(첫째 예)

G | 석유 우물 하나 뚫는 평균 비용이 30만$를 초과하고, 종종 800만$를 초과하는 것도 있다.

➡ The average cost of drilling an oil well above $ 300,000 and often exceed $ 8 million.

단계 1 동사가 빠져 있다. 'is'를 삽입한다.

➡ The average cost of drilling an oil well is above $ 300,000, and often exceeds $ 8 million.

(원문: The average cost of drilling an oil well is over $300,000, and drilling a single well may cost over $8,000,000.)

④ 네 번째 문장(둘째 예)

G | 그리고 한 번 우물을 뚫어도, 석유가 있을 확률은 겨우 8:1밖에 되지 않는다!

➡ And once you have drilled wells, the chances of finding oil is a mere 8:1!

단계 1 'chances'가 복수이므로 'is'를 'are'로 수정하고, 'a mere'를 'merely'로 바꾼다.

➡ And once you have drilled wells, the chances of finding oil are merely 8:1!

(원문: And once the well is drilled, the odds against its containing any oil at all are 8 to 1!)

⑤ 다섯 번째 문장(셋째 예)

G | 석유밭이 발견되었다 하더라도, 네 개의 구멍 중 하나는 마른 구멍인데 이는 매장량이 불확실하기 때문이다.

➡ Even if the oil field was discovered, one of the four holes is a dry hole because it is uncertain reserves.

단계 1 'uncertain reserves'가 복수이므로 주어와 일치시키려면 단수 'an uncertain reserve'가 되어야 한다.

➡ Even if the oil field was discovered, one of the four holes is a dry hole because it is an uncertain reserve.

(원문: Even after a field has been discovered, one out of four holes drilled in developing the field is a dry hole because of the uncertainty of defining the limits of the producing formation.)

⑥ 마지막 문장

G 석유 채굴업자는 (마크 트웨인이 언급한 '포커 게임에서 에이스 네 장을 쥔 기독교인의 조용한 확신')을 결코 알 수 없다.

➡ The oil drilling contractor (Mark Twain mentioned 'quiet confidence of a Christian holding aces four chapters') can never know.

단계 1 마크 트웨인이 언급한 내용을 구글 검색 한다.

G Mark Twain, Christian, four aces를 검색하니 Mark Twain 명언(Quotes)에서 다음 내용을 쉽게 찾아낼 수 있다.

➡ "I admire the serene assurance of those who have religious faith. It is wonderful to observe **the calm confidence of a Christian with four aces.**"

단계 2 'the calm confidence of a Christian with four aces'를 넣어 문장을 완성한다.

➡ The oil drilling contractor can never know what Mark Twain mentioned 'the calm confidence of a Christian with four aces'.

(원문: The oil driller can never know what mark Twain once called "the calm confidence of a Christian with four aces in his hand.")

단계 3 여섯 문장(S_1-$\underline{S_2}$-S_3-S_3-S_3-S_4)을 합친다. 한 문단의 글이 완성되었다.

우리나라 이공계는 구글 번역과 검색을 활용하면 누구나 쉽게 영작을 할 수 있다. 그것도 제2외국어를 최고의 용법으로 구현할 수 있다. 원어민이 구사하는 고급 영어에는 미치지 못하지만 많은 경우 오히려 더 정확한 영어를 구사한다. 앞의 원문에서 'in his hand'는 Mark Twain명언(Quotes)에도 없는 사족이다.

셋째 장

아홉 가지 규칙

Nine Rules

규칙 1. 글은 철저하게 독자를 위해 쓰라
규칙 2. 문단 구조를 알아라
규칙 3. 문단 전개는 패턴을 활용하라
규칙 4. 문장의 주어는 사람으로 하라
규칙 5. 활기 있는 동사를 쓰라
규칙 6. 구정보-신정보로 전개하라
규칙 7. 문장은 짧게 쓰라
규칙 8. 단어는 정확하고 구체적으로 쓰라
규칙 9. 시각화하라

TECHNICAL
ENGLISH WRITING

Nine Rules for Technical English Writing

기술영어쓰기를 위한 아홉 가지 규칙

기술영어쓰기는 구조를 다루는 일반적인 글쓰기에 문체를 다루는 쉬운영어와 기술글쓰기가 반영된 글쓰기라는 것을 첫째 장에서 배웠다. 일반적인 글쓰기(Essay Writing)는 배우는 데 오랜 시간이 걸리기에 힘글쓰기 기법을 도입하면 짧은 시간에 이를 효과적으로 터득함도 알았다.

기술영어쓰기 (Technical English Writing)	구조(Structure)	+ 문체(Style)
특성	힘글쓰기 (Power Writing)	+ 쉬운영어(Plain English) 기술글쓰기(Technical Writing)

도표 3.1 **기술영어쓰기의 특성**

이와 같은 기술영어쓰기의 특성을 활용하여 이메일이나 한 장의 보고서를 영어로 작성할 수 있는 실용글쓰기를 둘째 장에서 해 보았다. 실용글쓰기를 실제로 해보면 기본적으로 기술영어에 대한 필수지식이 있어야 된다는 것을 알 수 있다. 그래서 셋째 장에서는 이러한 필수지식을 모아 정리하였다. 영어쓰기 고수가 갖추어야 할 영문의 구조와 문체를 아홉 가지 규칙으로 제시한다.

규칙 1

Writing for Readers

글은 철저하게 독자를 위해 쓰라

글을 쓰는 사람은 정보를 자기식대로 제공하려고 한다. 거기에다가 종종 자기의 열정과 노고를 마음껏 보여주고 싶어 한다. 가능하면 유식한 것도 자랑하고 싶다. 권위를 내세워 읽는 사람을 주눅 들게도 하고 싶어진다.

산업시대에는 이것이 가능하였다. 공급자가 수요자보다 우위에 있었기 때문이다. 그러나 이제는 시대가 바뀌었다. 공급자는 넘쳐난다. 수요자 위주의 시대가 온 것이다. 정부도 권위적인 형태가 많이 사라지고 민주화가 되었다. 권력을 정부가 가지고 있더라도 국민이 외면하면 정부도 금방 추락한다.

글도 수요자 위주의 시대가 되었다. 현대인은 정보의 홍수 속에 묻혀 있다. 늘 바쁘다. 그러니 자기가 필요로 하는 정보를 짧은 시간에 얻으려 한다. 글은 독자가 읽고 이해해야만 가치가 있기에 정보가 제대로 전달되지 않으면 그것은 독자의 잘못이 아니라 글을 쓰는 사람의 잘못이다.

사정이 이런데도 글을 쓰다 보면 쓰는 사람 마음대로 쓰게 된다. 공무원은 국민을 위해 봉사하는 자리지만 누구든 그 자리에 앉으면 자기의 의무를 잊어버리는 것과 너무나 흡사하다. 집단이 가진 특징이고 폐단이다. 법률가는 더 심하다. 직장인과 기술자도 정도가 약하지만 마찬가지이다. 그러하기에 글을 쓸 때 끊임없이 명심해야 하는 것이 글은 철저하게 독자를 위해 쓴다는 철칙이다.

1 독자가 필요로 하는 내용을 쓰라

'독자가 누구냐'에 따라 제공하는 정보가 다르다. 그래서 글을 쓸 때에는 독자를 규정(Define the Audience)하는 것이 가장 먼저 할 일이다. 독자가 결정되면 독자가 가장 필요로 하는 정보를 제공하여야 한다.

독자	필요 정보
결재권자	정책 판단 자료
전문가	분야별 새로운 지식
실무자	실행 지침
학생	체계화된 지식
소비자	상품 정보 및 안내

도표 3.2 독자에 따른 필요 정보

독자가 필요로 하는 정보가 어떤 것이든 이들이 공통적으로 제일 중요하게 알고 싶어하는 내용이 '무엇(What)' · '왜(Why)' · '어떻게(How)'이다. 아무리 두꺼운 책도 세 줄로 요약할 수 있다. 무엇이냐? 왜냐? 그래서 어떻게 되느냐?

이 세 가지 정보를 필수정보(Complete Massage)라고 부른다. 힘글쓰기에서 규정한 힘1(주제: 무엇)과 힘2(이유: 왜), 힘2(방법: 어떻게)와 정확히 일치한다.

신문은 필수정보에 '누가 · 언제 · 어디서'를 붙여 6하원칙으로 활용한다. 제목에 '무엇'(What, 주제)을 담아 정보의 50%를 드러낸다. 그리고는 첫 번째 문단에 6하원칙을 담아 정보의 80%를 제공한다. 이 문단을 특히 리드(Lead) 기사라고 부른다. 나머지 문단은 양이 아무리 많아도 정보의 가치는 20% 정도이다.

직장에서 쓰는 보고서도 비슷하다. 무엇(주제)-왜(배경 및 필요성, 문제점)-어떻게(해결방법)에 따라서(결론 및 건의), 즉 힘4(주제 재강조)가 추가된다.

논문 초록도 마찬가지이다. 무엇(주제)-왜(배경 및 필요성)-어떻게(연구방법)-따라서 결론(결과 · 고찰 · 건의)이다. 이런 방식으로 직장에서 쓰는 '한 장의 보고서'를 둘째 장(실용 글쓰기)에서 써보았다.

2 전문용어와 약어는 독자에 맞추라

독자마다 가지고 있는 지식이나 경험이 다르다. 전문가는 해당 분야의 내용을 잘 알고 있기에 그들에게 기본적인 배경부터 설명하면 실패한다. 반면에 실무자 · 학생 · 소비자는 공급자가 제공하는 분야에 대해서는 기본적인 내용도 모른다. 따라서 정보는 독자의 수준에 맞추어 제공하여야 한다.

그런 의미에서 볼 때, 전문용어(Jargon)와 약어(Abbreviation)는 주의해서 사용해야 한다. 전문용어와 약어는 같은 집단 내에서는 가장 효율적인 의사소통 수단이다. 뜻을 정확하고 간결하게 전해준다. 그러나 다른 집단에게 이들은 암호이다. 일반적인 용어로 풀어서 설명해야 한다. 다음 표는 일상생활에서도 많이 사용되는 약어들이다.

약어	의미
PDF	Portable Document Format(모든 환경에서 보는 문서 형식)
SMS	Short Message Service(문자 전송 서비스)
SNS	Social Network System(온라인 인맥 시스템)
SOC	System on a Chip(칩 하나로 운용되는 반도체)

도표 3.3 약어와 의미

전문직은 결재권자나 일반대중에게 설명을 할 때 전문용어 때문에 딜레마에 빠진다. 전문용어에 대한 설명을 미리 하지 않으면 결론을 이해시킬 수 없는 경우에, 전문용어부터 설명을 시작하게 되는데 이러면 듣는 사람에게 금방 외면당한다. 이럴 때에는 일반적인 용어로 설명하고 전문용어는 사이드 바(Side-Bar)로 처리해야 한다.

예1 탄소나노물질 그래핀(Graphene)이 미래의 신소재로 주목을 받고 있다. 얇으면서 강도가 높고 물리적 · 화학적 안정성도 높다. 두께는 0.2nm(1nm은 10억 분의 1m), 즉 100억 분의 2m 정도이다. 유전자분석에서 우주 엘리베이터까지 모든 분야에서 사용될 전망이다.(S_1-S_2-S_3-S_4로 전개)

그래핀(Graphene): 탄소층이 한 겹의 2차원 구조로 이루어진 결정체이다. 2004년 Andre Geim과 Konstantin Novoselov가 스카치테이프를 이용하여 이 물질을 만든 공로로 노벨상을 받았다. '흑연(graphite)'과 탄소이중결합을 가진 분자를 뜻하는 접미사 '-ene'을 결합하여 만든 용어이다.

3 'You' 메시지를 활용하라

주어를 'You'로 하게 되면 독자의 입장에서 글을 쓰게 된다. 다음 예[1]에서 보듯이 추상명사를 주어(음영 부분)로 하는 경우에 빠지게 되는 난해한 내용을 해결하는 좋은 방안이기도 하다.

예2 No consideration or surrender of Beco Stock will be required of shareholders of Beco in return for the shares of Unis Common Stock issued pursuant to the Distribution.

1) SEC, *Ibid.*, p.24.

▶▶ You will not have to turn in your shares of Beco stock or pay any money to receive your shares of Unis common stock from the spin-off.
당신은 분리 독립되는 유니스 주식을 받기 위해 베코 주식을 내어놓거나 돈을 내지 않아도 됩니다.

불특정 다수를 대상으로 글을 쓰는 것도 좋지 않다. 'You'를 쓰면 다음 예[2]처럼 뜻이 명확해진다.

예3 The applicant must provide his or her mailing address and his or her identification number.

▶▶ You must provide your mailing address and identification number.

예4 Individuals and organizations wishing to apply must file applications with the appropriate offices in a timely manner.

▶▶ You must apply at least 30 days before you need the certification.

- If you are an individual, apply at the State office in the State where you reside.
- If you are an organization, apply at the State office in the State where your headquarters is located.

2) Federal Plain Language Guidelines (2010), p.9.

4 교정할 때 적용하면 좋다

글은 독자를 위해서 쓴다고 해도 그렇게 잘 되지 않는다. 글쓰기 자체가 어려운 데다 일일이 독자까지 생각하면 글이 되지 않는다. 그러니 일단 초안은 먼저 공급자 위주로 쓸 수밖에 없다. 독자를 위한 글쓰기는 초안을 교정할 때 적용(Revision oriented)되는 규칙으로 보는 것이 더 정확하다. 따라서 이 책 셋째 장에 나오는 규칙 아홉 가지는 초안은 그냥 먼저 써놓고 교정할 때 적용하는 규칙으로 활용하면 좋다.

우리나라에서는 글을 쓸 때 교정을 무척 등한시한다. 첫 번째 초고가 곧 완성본이 된다. 이런 관행이 바로 글 쓰는 사람 위주의 글쓰기이다. 글은 적어도 6~7회 고쳐야 한다. 고칠 때마다 내가 왜 이렇게 썼는지 이해 못하는 구절이 나온다. 글은 교정하는 시간이 초고 쓸 때보다 훨씬 많이 걸린다.

교정은 먼저 구조와 논리(Logic)를 살펴보고 문단-문장-단어의 적합성, 즉 문체를 다룬다. 자신을 독자의 입장에 두고 교정한다(Putting yourself in the reader's position). 부록 3에 있는 교정 목록을 활용하자.

규칙 1

Exercise 연습 문제

글을 쓰는 사람은 자신의 입장에서 글을 쓰게 된다. 그러면 읽는 사람이 쉽게 이해를 하지 못한다. 다음 글은 글쓴이의 입장에서 쓴 글이다. 읽고 이해하는 데 문제가 많은 글이다. 다음 질문에 답을 해보자.

ⓐ 결론이 무엇인가?

ⓑ 결론을 찾기가 왜 어려운가?

ⓒ 문단 구조의 문제가 무엇인가?

ⓓ 읽는 사람 위주의 문단으로 고쳐보자.

ⓔ 문장이 길다. 한 문장의 단어 수는?

ⓕ 철자법이 틀린 곳이 있다. 어느 부분인가?

Writer's Paragraph

There were two principal alternatives considered for improving Montana Branch. The first alternative was to drill and equip additional sources of supply with sufficient capacity to provide for the present and projected system of deficiencies. The second alternatives was to provide for said deficiencies through a combination of additional sources of supply and a storage facility.

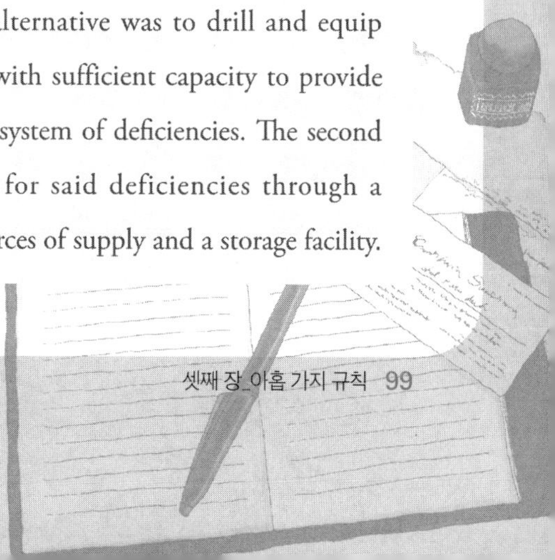

Unfortunately, ground-water studies which were conducted in the Southeast Montana area by the consulting firm of Smith and Jones indicated that although ground water is available within this general area of our system, it is limited as to quantity, considerable separation between well sources is necessary in other to avoid interference between said sources. This being the case, it becomes necessary to utilized the sources that are available or that can be developed in the most efficient manner, which means operating them in conjunction with a storage facility. In this way, the sources only have to be capable of providing for the average demand on a maximum day, and the storage facility can be utilized to provide for the peaking requirements plus fire protection. Consequently, the second alternative as mentioned herein above was determined to be the more desirable alterative.

규칙 1

Suggested Answer 해답

결론을 찾는 것이 가장 중요하다.

ⓐ 결론은 현재 시설에 저장시설만 추가하는 것이다.

ⓑ 결론을 찾기가 어려운 것은 결론이 간접적(즉, 두 번째 대안)이고, 길고 명확하지 않기 때문이다. 두 번째 대안이 무엇인지 찾아보았더니 추가 공급원과 저장시설(밑줄 친 부분)이다.

The second *alternatives* was to provide for said deficiencies through a combination of additional sources of supply and a storage facility.

그런데 글을 계속 읽어나가다 보면 두 번째 대안은 다른 내용이다. 추가 공급원(즉, 새로운 우물을 개발하는 것)은 빠지고 결국 현재 시설에 저장시설만 추가하자는 내용이다.

This being the case, it becomes necessary to *utilized* the sources that are available or that can be developed in the most efficient manner, which means operating them in conjunction with a storage facility. In this way, the sources only have to be capable of providing for the average demand on a maximum day, and the storage facility can be utilized to provide for the peaking requirements plus fire protection.

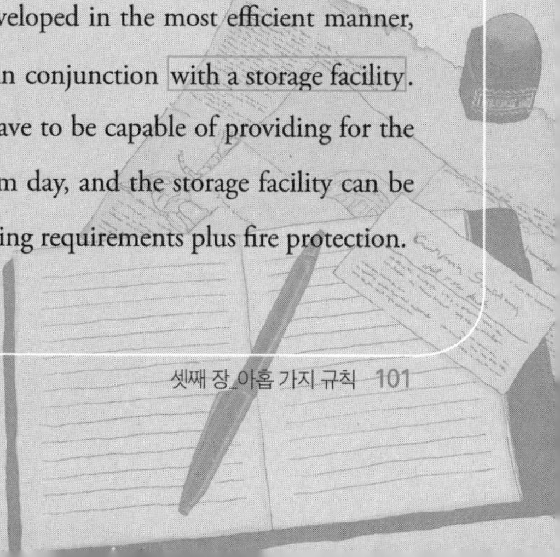

ⓒ 글 쓰는 사람이 자기가 생각한 대로 배경 설명부터 하였다. 문단 구조가 기-승-전-결로 되어 있어 문제이다.

ⓓ 독자 위주로 글을 고치려면 힘글쓰기 원칙을 적용하면 된다. 두괄식으로 P[S_1[3]-S_1-$\underline{S_2}$-S_3-S_3, 즉 소주제-소주제-이유-자료-자료]로 전개하면 읽는 사람 위주의 좋은 글이 된다.

ⓔ 문장이 길다. (일곱 문장, 28단어/문장) → (다섯 문장, 25단어/문장)으로 줄일 수 있다.

ⓕ 철자법도 틀렸다. *이탤릭체*로 표시된 부분이다.

- The second *alternatives* → The second alternative
- to *utilized* → to utilize

---

3) 소주제(S_1)가 두 개이다. 앞의 것은 배경 설명이고 뒤의 것은 소주제이다. 간혹 소주제가 두 개인 문단이 있다. 이럴 때에는 첫 문장을 'Since-절'로 고치면 S_1이 하나가 된다(상세한 내용은 규칙 2.3 참조).

다음은 읽는 사람 위주로 고친 글이다.

Reader's Paragraph

Montana Branch has water problems that need immediate attention. We found that the best way to improve the Montana Branch water problems would be to add a new water storage facility to our existing supply sources. Currently, we can handle the average demand on a maximum day: the new storage facility will enable us to meet peaking requirements and fire-protection needs. In conducting our investigation, we considered developing new supply sources with sufficient capacity to meet current and future needs. This alternative was rejected, however, when our consultants (Smith and Jones) did ground-water studies that revealed that sufficient ground water is not available and that the new wells would have to be located too far apart if they were not to interfere with each other.

규칙 2

Paragraph Structure 문단 구조를 알아라

글 전체는 하나의 주제를 다룬다(One Essay, One Theme). 글을 이루는 문단 하나하나는 하나의 소주제를 다룬다(One Paragraph, One Topic). 문단을 이루는 문장 하나하나는 하나의 생각을 다룬다(One Sentence, One Idea). 문장을 이루는 단어 하나 하나는 하나의 개념을 다룬다(One Word, One Concept).

- 글 전체는 하나의 주제(One Essay, One Theme)
- 문단은 하나의 소주제(One Paragraph, One Topic)
- 문장은 하나의 생각(One Sentence, One Idea)
- 단어는 하나의 개념(One Word, One Concept)

도표 3.4 좋은 글이 갖는 하나의 법칙

글이 하나의 주제를 다루고 문단이 하나의 소주제만을 다루어야 글과 문단이 통일성을 지닌다. 여기에다 문장이 하나의 생각을 다루고 단어가 정확한 개념을 다루어야 간결하고 명확한 글이 된다.

글쓰기를 배울 때 가장 중요한 것이 문단(Paragraph)[4)]이다. 단어나 문장은 몇 개 빠져도 문단의 소주제(Topic)가 중심을 잡고 있으면 글의 전체적인 흐름을 이해하는 데 어려움이 없다. 또 문단의 구조를 이해하면 글 전체의 구조도 알게 된다. 한 문단의 글을 한 편의 글로 확대할 수 있기 때문이다.

따라서 영어는 문단의 중요성을 매우 강조한다. 그런데 동양에서는 문단의 중요성을 모르는 사람이 의외로 많다. 문단의 개념을 다루는 문장론을 제대로 배운 적이 없기 때문이다.

1 문단은 두괄식(소주제문과 뒷받침문장)으로 구성하라

문단은 하나의 소주제를 가지고 전개되어야 통일성을 지닌다. 또 문단은 소주제문[5)]과 이를 뒷받침(Supporting)하는 문장으로 이루어지는 완결성(Well-developed)도 가진다. 문장의 완결성은 힘글쓰기 원칙이 보장해준다. 도표 1.1을 다시 참조해 보자.

---

4) Paragraph: 단락으로 번역된 것이 많다. 단락과 문단을 구분하지 않고 쓰는 것이 우리나라의 일반적인 경향이다. 이 책에서는 문단으로 정의한다.

5) Topic Sentence: 중심문장 또는 주제문으로 번역되기도 한다. 이 책에서는 소주제문으로 정의한다.

문단은 소주제문(Topic Sentence)으로 시작한다. 그리고 뒷받침문장(Supporting Sentences)을 배치한다. 뒷받침문장은 근거(ground)를 설명하는 1차 뒷받침과 증명(Evidence)을 보여주는 2차 뒷받침으로 나뉜다. 1차 뒷받침은 이유(Reason-Why)나 방법(Method-How)을 설명해서 머리가 이해하도록 한다. 2차 뒷받침은 사실(Facts), 자료(Data), 의견(Testimonies)이나 예(Examples)를 제시하여 눈이 확인하도록 한다. 마지막에 다시 소주제를 강조하거나 결론을 쓴다.

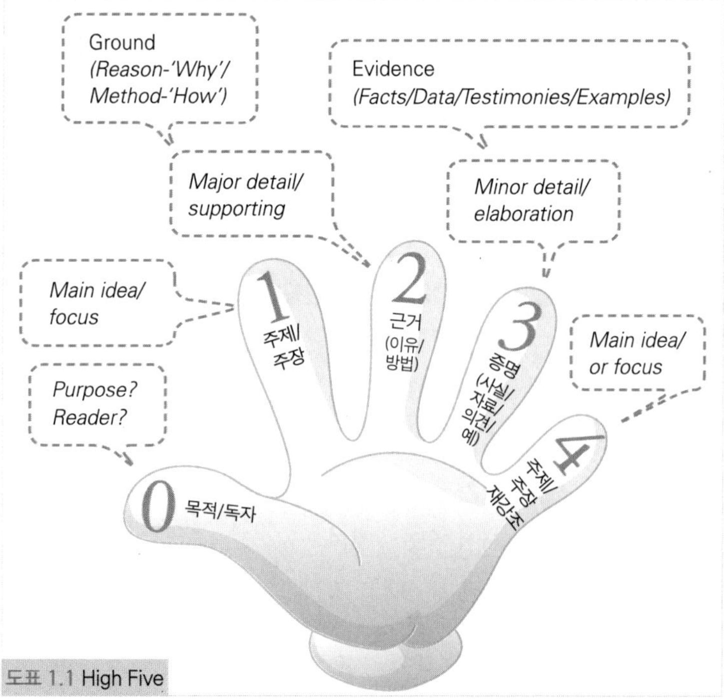

도표 1.1 High Five

소주제문은 문단 제일 앞에 두는 두괄식으로 한다. 그래야 독자가 가장 중요한 정보를 먼저 읽을 수 있다. 문단 마지막에 소주제문을 두는 미괄식은 재미나 감동을 주는 문학적인 글에서 채택하는 형식이기에 효과적으로 의사전달을 하는 실용적인 글에는 적합하지 않다. 문단 중간에 소주제문이 들어 있는 중괄식이 가장 나쁘다. 한가한 독자에게 보물찾기 놀이를 시키고 싶을 때에 채택한다. 가장 바람직한 것이 두괄식 소주제문(S_1)과 미괄식 소주제문(S_4)을 포함하는 양괄식이다. 양괄식은 경미한 소주제에는 적용하지 않는다.

문단에서 문장을 전개할 때, 가장 기본적인 형태가 소주제-이유-자료-자료-자료-소주제이다. 이를 1차원(1D) 형태의 기호로 나타내면 P[S_1-S_2-S_3-S_3-S_3-S_4]이고 2차원(2D)형태로 바꾸면 문서가 된다. 2D로 나타낸 예문[6]을 소개한다. 이 예문은 둘째 장 3. 문단 쓰기에서 우리글로 영작할 때 소개한 적이 있다.

첫 번째 문장은 소주제문(S_1)이다. 두 번째 문장은 'For'가 S_2에 대한 신호(Signal)를 준다. 이유를 설명하는 '왜냐하면 … 때문이다'으로 소주제문을 1차 뒷받침한다. 세 번째 문장부터 다섯 번째 문장까지 연속해서 2차 뒷받침인 자료(Data: 30만$, 8:1 및 네 개 중 하나)를 제시하므로 S_3, S_3, S_3이다. 마지막 문장은 첫 번째 문장 소주제를 재강조(S_4)한다.

6) G.J. Alred, C.T. Brusaw, and W.E. Oliu, ***Ibid.,*** p.435.

The arithmetic of searching for oil is stark. For all the scientific methods of detection, the only way the oil driller can actually know for sure that there is oil in the ground is to drill a well. The average cost of drilling an oil well is over $300,000, and drilling a single well may cost over $8,000,000. And once the well is drilled, the odds against its containing any oil at all are 8 to 1! Even after a field has been discovered, one out of four holes drilled in developing the field is a dry hole because of the uncertainty of defining the limits of the producing formation. The oil driller can never know what Mark Twain once called "the calm confidence of a Christian with four aces in his hand."

석유를 탐사하는 산술은 황량하다. 과학적인 온갖 탐사방법에도 불구하고 땅속에 석유가 확실히 있다고 확신하는 유일한 방법이 우물을 뚫는 것이기 때문이다. 석유 우물 하나 뚫는 평균 비용이 30만$를 초과하고, 종종 800만$를 초과하는 것도 있다. 그리고 한 번 우물을 뚫어도, 석유가 있을 확률은 8:1밖에 되지 않는다! 석유밭이 발견되었다 하더라도, 네 개의 구멍 중 하나는 마른 구멍인데 이는 매장량이 불확실하기 때문이다. 석유 채굴업자는 마크 트웨인이 언급한 '포커게임에서 에이스 네 장을 쥔 기독교인의 조용한 확신'을 결코 알 수 없다.

예문 3.1 양괄식 문단의 구조

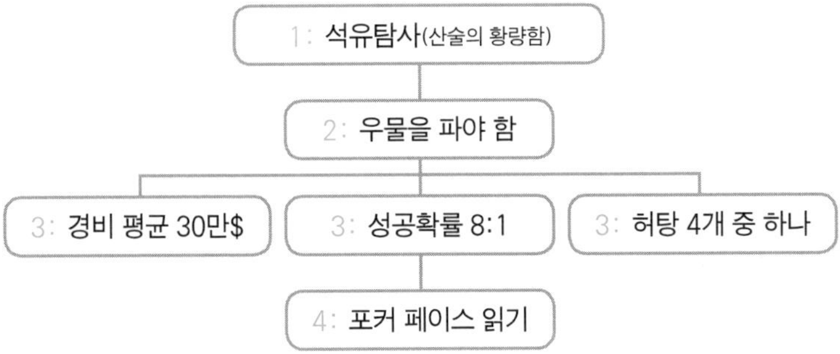

도표 3.5 입체적(3D)으로 나타낸 문단의 구조

2D 문서는 3D의 입체적 구조(도표 3.5 참조)로도 표현할 수 있다. 정보를 입체화한다는 것은 인지과학에서 매우 중요하다. 우리의 뇌는 정보를 이해할 때 입체적으로 인지하기에 평면 스크린에서 영화를 보더라도 뇌는 입체로 해석한다. 그러니 입체화되지 않은 정보는 우리 머리가 이해하는 데 많은 어려움을 겪는다. 따라서 글을 쓸 때 먼저 정보를 입체화하고 나서 이를 1차원(1D)으로 한 줄 한 줄 써 나가는 것이 좋은 방법이다. 이것이 힘글쓰기 방식이다.

문단 구조를 이 정도만 알아도 상당한 실력이 된다. Strunk 교수가 쓴 《*The Elements of Style*》도 쉽게 이해할 수 있다. 다음의 문단은 Strunk 교수가 여섯 문장으로 구성하고 문장 하나하나에 설명을 붙여 놓았다. 이 설명을 힘글쓰기 문장 숫자로 바꾸어 이해해보자. 얼마나 쉬운지 여러분도 스스로 놀랄 것이다. 전설적인 교수가 쓴 내용도 이제 더 나은 방법으로 영어쓰기를 이해할 수 있는 길이 생겼다.

1. 주제문[7]	It was chiefly in the eighteenth century that a very different conception of history grew up. 역사에 대한 새로운 개념이 나타나기 시작한 시기는 주로 18세기였다.
2. 새로운 개념의 역사가 무엇인지 정의함으로써 주제문의 의미가 명확해진다.	Historians then came to believe that their task was not so much to paint a picture as to solve a problem: To explain or illustrate the successive phases of national growth, prosperity, and adversity. 역사가들은 자신들의 할 일이 상황의 설명이 아니라 문제의 해결이라고 믿게 되었다. 따라서 국가의 성장 · 번영 · 역경의 연속적인 단계를 설명하거나 실례를 드는 것이 자신들의 과제라고 믿게 되었다.
3. 정의가 확대 설명된다.	The history of morals, of industry, of intellect, and of art: the changes that take place in manners or beliefs: the dominant ideas that prevailed in successive periods: the rise, fall, and modification of political constitutions: in a word, all the conditions of national well-being became the subjects of their works.

7) 이제까지 소주제문으로 표현하였다. 그러나 여기서는 주제문이다. 그 이유는 하나의 문단으로 한 편의 글이 될 때에는 소주제문=주제문이 되기 때문이다. 한 편의 글은 주제(Thesis) 하나를 몇 개의 소주제가 뒷받침하므로 소주제문이 더 일반적인 표현이라 할 수 있다.

	도덕, 산업, 지식, 예술의 역사, 태도나 믿음의 변화, 시대를 풍미했던 사상, 정치 조직의 성쇠와 변화 등 다시 말해 국가의 복지와 관련된 모든 조건들이 역사가들의 주제가 되었다.
4. 대조를 통해 정의를 설명한다.	They sought rather to write a history of peoples than a history of kings. 역사가들은 왕의 역사가 아니라 대중의 역사를 기록하려고 노력하였다.
5. 역사의 새로운 개념에 있어 또 다른 요소를 소개하여 정의를 보충한다.	They looked especially in history for the chain of causes and effects. 그들이 특히 초점을 맞춘 것은 인과의 사슬이었다.
6. 결론: 새로운 개념의 역사를 연구하여 나온 중요한 결과를 소개한다.	They undertook to study in the past the physiology of nations, and hoped by applying the experimental method on a large scale to deduce some lessons of real value about the conditions on which the welfare of society mainly depend. -lecky, *The Political Value of History*. 그들은 역사 속에서 국가의 생리(生理)를 연구했고, 실험적인 방법을 대대적으로 적용함으로써 사회복지의 주된 토대가 되는 실질적 가치에 대한 교훈을 도출하기를 희망했다.

예문 3.2《*The Elements of Style*》이 해설한 문단

이 문단은 6문장(S_1-S_2-S_3-S_3-S_3-S_4)으로 이루어져 있다. S_1은 소주제문이다. 여기서는 하나의 문단으로 한 편의 글을 써 '주제문'이라고 부른 것이다. S_2는 방법이다. solve a problem 이 방법에 대한 신호를 제공한다(새로운 개념이 '어떻게' 나타났는지를 설명). 그 다음은 S_3이 세 개이다. '예'가 다양하게 제시되었다. 마지막은 당연히 S_4이다.

속독을 하려면 S_1과 S_4를 읽으면 되고 소주제는 다음과 같이 정리할 수 있다. 18세기에 나타난 역사에 대한 새로운 해석은 실질적 가치에 대한 교훈을 도출하는 것이었다.

2 문단은 내용문단과 형식문단이 있다

문단은 내용문단과 형식문단으로 나뉜다. 내용문단은 소주제를 중심으로 똘똘 뭉친 생각의 단위이다. 하나의 소주제만을 다루는 통일성과 소주제문을 충분히 뒷받침하는 완결성을 가진다. 여기에 문장 하나하나가 서로 연관성을 가지고 매끄럽게 흘러가는 응집성(Coherence)도 갖추어야 한다. 하나의 문단은 한 편의 미니 에세이이다.

- 통일성: 하나의 소주제만을 취급. 관계 없는 내용은 배제
- 완결성: 소주제-근거-증명들-소주제로 구성
- 응집성: 문장이 서로 잘 연결되고 흐름이 유연

도표 3.6 문단이 갖는 내용상 특성

Federal Plain Language Guidelines(2010)이 보여주는 다음의 예문은 하나의 문단이 두 개의 소주제를 가지고 있어 문단의 통일성을 해친다. 두 개의 문단으로 나누어야 한다.

두 개의 소주제/ 한 문단	하나의 소주제/ 한 문단
a. Notice of a bid advertisement shall be published in at least one local newspaper and in one trade publication at least 30 days in advance of sale. If applicable, the notice must identify the reservation within which the tracts to be leased are found. Specific descriptions of the tracts shall be available at the office of the superintendent. The complete text of the advertisement shall be mailed to each person listed on the appropriate agency mailing list.	a. Thirty days before the sale, we will publish a notice advertising bids. The notice will be in at least one local newspaper and in one trade publication. It will identify any reservation where the tracts to be leased are located. b. We will share information about this process in two other ways. We will mail the advertisement to each person on the appropriate agency mailing list. We will also provide specific descriptions of the tracts at the superintendent's office.

예문 3.3 두 개의 소주제/한 문단 → 하나의 소주제/한 문단

한편 형식문단은 시각적으로 분리되는 문단이다. 들여쓰기와 블록 구분 두 가지 방법이 있다. 들여쓰기(Indention)는 문단의 첫머리를 1~6칸 띄우고 시작한다. 요즈음은 1칸을 띄우는 것이 대세이다. 블록(Block) 구분은 문단과 문단 사이를 한 줄 띄우는 구분법이다. 이 경우에는 들여쓰기를 하지 않는 경우가 많다 .

- 들여쓰기: 문장을 시작할 때 1~6칸을 띄움
- 블록 구분: 두 문단 사이에 한 줄을 완전히 비움

도표 3.7 문단 구분의 형식상 특성

문단의 길이는 여섯 줄 정도가 적당하다. 너무 길거나 짧아도 내용과 형식에서 문제가 되는 경우가 많다. 요즈음은 문단의 길이도 점점 짧아지는 경향이 있어 서너 줄을 한 문단으로 하는 경우도 많다.

하나의 내용문단이 길어질 때에는 의미와는 관계 없이 시각적으로 분리하여 두 개의 문단으로 나누는 것이 좋다. 긴 문단은 독자가 읽기도 전에 질리기 때문이다.

문단이 하나의 문장으로 구성될 수도 있다. 대화에 많이 쓰인다. 문학적인 글에서 대화문은 독립적인 문단 형태를 취하는데 이는 화자가 바뀌기 때문이다. 또 전환문단에도 쓴다. 생각의 흐름을 바꾸어 주는 신호이기 때문에 다음 예[8]와 같이 굳이 완결성을 지킬 필요가 없다.

예1 So far, we have argued that scientific and technical writing is important, time consuming and often collaborative: is computerized and becoming more so; will be relying even more on non prose element; and has important international analogues and legal implications.

Let us now consider what communication skill are needed to support the needs of technical professionals in the near future.

---

8) G.J. Alred, C.T. Brusaw and W.E. Oliu, ***Ibid.***, p.436.

3 문단에서 문장의 길이는 문장 숫자에 반비례한다

문단은 완결성을 갖추어야 하기에 문장의 수는 여섯 개 정도(예: S_1-$\underline{S_2}$-S_3-S_3-S_3-S_4)이다. 한 문단의 길이가 여섯 줄 정도이기에 여섯 줄에 여섯 문장을 담으려면 대강 한 문장의 길이가 한 줄로 나온다. 그래서 한 문장은 16~20단어, 한 줄 반을 넘기지 말라는 지침이 있다.

문장의 길이는 무조건 한 줄로 하는 것이 아니다. 피라미드 구조에서 위에 있는 정보일수록 짧다. 계급과 문장의 길이는 반비례하는 것이다. 앞의 예문 3.1(석유 탐사)에서 소주제문 S_1이 가장 짧다(8단어). 한 줄을 넘기지 말아야 한다. 반 줄이면 더 좋다. 높은 지휘관은 간결하다. 1차 뒷받침하는 근거 $\underline{S_2}$는 한 줄 반이 적당하다(30단어: 좀 길다). 중간 간부의 처신이다. 반면에 자료나 예를 제시하는 증명 S_3(22단어 · 20단어 · 33단어)은 길다. 졸병이라 웬만큼 늘어져도 상관없다.[9)]

문단 하나만 두고 보면 소주제문(S_1)은 기본적으로 짧을수록 좋다. 그래야 읽는 사람이 속독을 할 수 있다. 그러나 글 전체를 보면 이야기는 달라진다. 여러 문단이 모여 한 편의 글을 완성하기에 문단과 문단의 연결, 즉 흐름으로 묶어 주는 응집성도 중요하다. 문단에 흐름을 반영하면 소주제문이 길어진다.

---

9) 앞의 예문 3.2 'The Elements of Style'이 제시하는 문단은 S_1(16단어)-$\underline{S_2}$(33단어)-S_3(50단어)-S_3(14단어)-S_3(12단어)-S_4(40단어)이다. S_4가 길고 S_3 두 개가 짧다. 인문사회적인 글은 자연과학적인 글보다 양식이 더 자유롭다.

소주제문이 길어지는 대표적인 경우가 종속절(Since-절이나 Because-절)을 거느리는 것이다. 기술글쓰기에서는 이들의 사용을 엄격하게 구분하는데 'Since-절'은 배경 설명에, 'Because-절'은 이유 설명에 사용한다.

◉ 배경 설명(Since-절을 앞에 배치): 이미 알고 있는 내용

Since we have studied the theory of Power Writing, we can understand paragraph structure well.

규칙 1의 연습문제('물 부족' 예제)도 'Since-절'로 전개하면 더 효과적이다.

Since Montana Branch has water problems that need immediate attention, we found that the best way to improve the Montana Branch water problems would be to add a new water storage facility to our existing supply sources.

◉ 이유 설명(Because-절을 뒤에 배치): 이유가 가벼운 내용

Now, we are able to edit essays of others because we are well aware of Power Writing.

규칙 2

Exercise 연습 문제

1 다음 예문[10]은 소주제문(S_1)과 이유(S_2)가 빠져 있다. 예문(S_3)과 소주제문 강조(S_4)만 나와 있다. 소주제문(S_1)과 이유(S_2)를 보태어 문단을 완성해보자.

Piranhas rarely feed on large animals; they eat smaller fish and aquatic plants. When confronted with humans, piranhas' first instinct is to flee, not attack. Their fear of humans makes sense. Far more piranhas are eaten by people than people are eaten by piranhas. If the fish are well-fed, they won't bite humans.

2 문단의 길이를 설명하는 다음의 글[11]을 분석해보자. 내용과 형식적인 면에서 통일성, 완결성 및 응집성을 갖춘 문단이다. 문장마다 힘글 숫자 S_1, S_2, S_3, S_4를 붙여보자.

Paragraph length should aid the reader's understanding of ideas. A series of short, undeveloped paragraphs can indicate poor organization of material and sacrifice unity by breaking a

10) http://www.unc.edu/depts/wcweb/handouts/paragraphs.html

11) G.J. Alred, C.T. Brusaw, and W.E. Oliu, *Ibid.*, p.436.

single idea into several pieces. A series of long paragraphs, on the other hand, can fail to provide the reader with manageable subdivisions of thought. A paragraph should be just long enough to deal adequately with the subject of its topic sentence. A new paragraph should begin whenever the subject changes significantly. Occasionally, a one sentence paragraph is acceptable if it used as a transition between larger paragraphs or in letters and memos in which one sentence openings and closings are appropriate.

3 다음 예문[12)]은 문단 길이에 대한 설명이다. 이를 완결성을 갖춘 문단으로 고친다면 문제가 무엇인지, 어떻게 고치는 것이 좋을지 형식과 내용 측면에서 생각해보자.

ⓐ 소주제문(S_1)은 어느 것인가?

ⓑ 소주제문(S_1)이 길다면 이를 어떻게 개선하면 좋겠는가?

ⓒ 이유(S_2)가 있는가? 없다면 이유(S_2)를 추가하자.

ⓓ 예(S_3)가 하나(짧은 문단의 예)이다. 하나 더 추가(긴 문단의 예)해 보자.

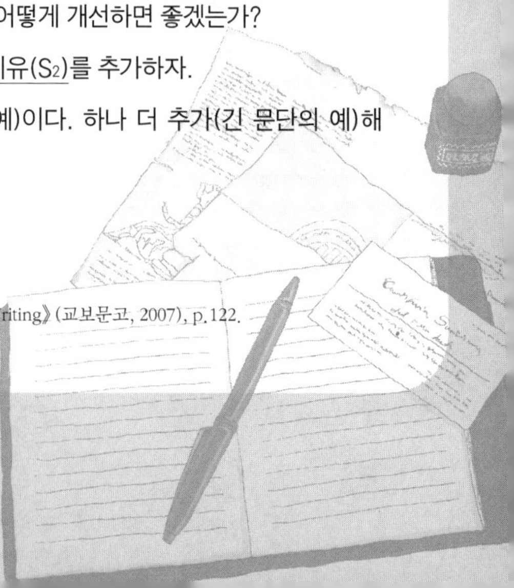

12) 송은경, 《영어논문 쉽게 쓰기-Technical Writing》(교보문고, 2007), p.122.

Paragraph length is not measured by the number of sentences or even the number of words. Rather, paragraph length is measured by the number of lines that the reader sees on the page. When paragraphs are consistently short (one to seven lines), then the reader sees too many traffic lights and the reading after a page or so becomes tiresome because it is stop and go, stop and go.

규칙 2

Suggested Answer 해답

1 예문(S_3) 세 개를 대변하는 소주제문(S_1)과 이유(S_2)를 보탠다. 소주제는 '피라니아는 전혀 무해하다'이다. 다소의 배경 설명이 필요하기에 'Although-절'(비록 사람들은 피라니아가 아주 위험하다고 믿고 있지만)을 넣는다. 이런 경우에 소주제문이 길어진다. 이유(S_2)는 '왜냐하면 피라니아가 사람을 공격하는 경우는 매우 드물기 때문이다'이다.

Although most people consider piranhas to be quite dangerous, they are, for the most part, entirely harmless. Because it is very rare that piranhas attack on humans. S_3-S_3-S_3.

2 번역 문장에 힘글 표시를 했다. P[S_1-S_2-S_2-S_3-S_3-S_3]의 구조이다. 문단의 길이는 독자의 독해를 도와야 한다. 짧은 문단은 구조가 나쁘거나 하나의 생각을 여러 개로 쪼개어 통일성을 해친다. 반대로, 긴 문단은 생각의 구분을 해친다. 문단은 하나의 소주제를 충분히 취급할 만큼 길면 된다. 소주제가 바뀌면 새 문단이 된다. 종종 한 문장도 허용되는데 전환문단이거나 서신의 앞과 뒤인 경우이다.

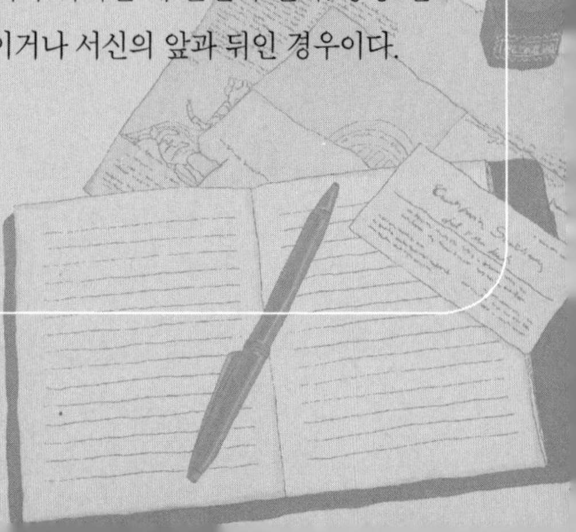

3 문단 구조가 형식과 내용 측면에서 취약하다. 먼저 형식적인 측면을 개선해보자.

ⓐ 소주제문(S_1)이 세 줄로 길다.

ⓑ 소주제문(S_1)과 강조 소주제문(S_4)으로 분리

ⓒ 이유(S_2)가 없다 → 이유(S_2)를 추가

ⓓ 예(S_3)가 하나(짧은 문단의 예)이다 → 예(S_3)를 하나 더 추가(긴 문단의 예)

소주제문(S_1) 분리 소주제문(S_4) 분리	☞ Paragraph length is measured by the number of lines that the reader sees on the page. **The reason is that a paragraph creates a break in the text.** When paragraphs are consistently short (one to seven lines), then the reader sees too many traffic lights and the reading after a page or so becomes tiresome because it is stop and go, stop and go. **(The 2nd example S3 supplemented; When paragraphs are long).** Paragraph length is not measured by the number of sentences or even the number of words.	이유(S_2) 추가 예(S_3) 하나 더 추가(긴 문단의 예)

형식적으로 완결성을 갖춘 문단(S_1-S_2-S_3-S_3-S_4)으로 고쳤다. 그래도 이상하다. 예(S_3)가 소주제(S_1)를 제대로 뒷받침하지 못해 문단의 통일성을 해친다. 통일성과 완결성을 갖추려면 이유(S_2)가 소주제(S_1)를 제대로 뒷받침하고 예(S_3)-예(S_3)가 이유(S_2)를 증명하여야 한다.

S_1-$\underline{S_2}$-S_3-S_3 형식 소주제문(S_4)은 종종 생략	☞ Paragraph length is measured by the number of lines that the reader sees on the page. <u>When the length is measured by the number of sentences or even the number of words, extremely-long or short sentences have problems.</u> For examples, imagine that one sentence is 10 lines long. The reading becomes tiresome. In contrast, imagine that each sentence has a half line. The reader sees too many traffic lights; it is stop and go, stop and go. (문단의 길이는 줄로 결정된다. <u>문장의 수나 단어의 수로 결정하면 한 문장이 너무 길거나 짧으면 문제가 된다.</u> 한 문장이 10줄이 된다고 가정해보라. 읽는 데 지루해진다. 반대로 한 문장이 반 줄씩이라고 가정해보라. 너무 많은 신호로 '가다 서다'를 반복해야 한다.)	<u>이유(S_2)</u>가 소주제를 뒷받침 예(S_3, S_3)가 이유를 뒷받침

규칙
3

Paragraph Development & Pattern
문단전개는 패턴을 활용하라

글은 크게 묘사문(Descriptive Writing) · 설화문(Narrative Writing), 논술문(Argumentative Writing) · 설명문(Expository Writing)으로 나뉜다. 문학적인 글에서는 묘사문과 설화문이 대종을 이룬다. 인문계에서는 찬반이 갈리는 논술문을 쓴다. 그래서 시카고 대학의 유명한 글쓰기 책이 'The Craft of Argument'[13]이다. 한편 이공계가 쓰는 글은 설명문이다. 따라서 미국 MIT 대학의 글쓰기 과정을 'Expos'라고 부른다. 논술문과 설명문은 배우는 데 1년이 걸린다.

시카고 대학이 가르치는 논술문을 내가 공부해 보려고 'The Craft of Argument'와 2년을 씨름했다. 두껍고 어려웠다. 그러다 힘글쓰기 원리를 적용해 보았더니 하루 만에 이해가 되었다. 힘2(근거)에서 찬성 이유와 반대 이유를 논리적으로 대고 힘3(증명)에서 사실 · 자료 · 의견 ·

13) 윤영삼(역), 《논증의 탄생》(Williams, Joseph M. *The Craft of Argument*, 2008).

예를 정확하게 제시하는 내용이었다.

MIT가 가르치는 설명문도 힘글쓰기 원리를 적용하면 쉽게 배울 수 있다. 독자가 글을 논리적으로 이해할 수 있도록 전개(즉 힘1을 힘2가 이유나 방법으로 1차 뒷받침)하고, 증명(즉 힘2를 힘3이 2차 뒷받침)에서 사실 · 자료 · 의견 · 예를 정확하게 제시하는 내용이었다.

힘1과 힘2는 논리적으로 전개한다. 그런데 문제는 학술적인 논리는 너무 어렵다. 그래서 실용 논리를 적용하게 되는데 논리 전개방법(Development Methods)을 다음과 같이 몇 가지 패턴으로 정형화하고 있다.

- 순차적 또는 나열적(Sequential) 패턴
- 비교 또는 대조(Comparison or Contrast) 패턴
- 분할 또는 분류(Division or Classification) 패턴

논리와 힘글쓰기

실용적이고 사무적인 글은 논리(Logic)적으로 써야 하지만 논리가 무엇이냐고 물어 오면 우리는 막막해진다. 논리에 대한 명확한 정의도 내릴 수 없다. 이치에 맞는 것이라고 막연히 생각한다. 그럼 이치가 뭐냐고 다시 물어 오면 상식적으로 판단해서 무리가 없는 것이 아닐까 하고 짐작한다.

논리에 대한 우리의 막연한 생각은 당연하다. 학술적인 논리, 즉 개념론(단어 차원) · 판단론(문장 차원) · 추리론(문단 차원)은 너무나 복잡하고 어렵기 때문에 보통 사람이 접근하기 어렵다. 그러니 기껏해야 추리론에서 귀납법과 연역법을 잠깐 배우고 까먹어버린다.

우리는 생각이나 사고를 할 때 하나하나 분석적으로 하기보다는 패턴(Pattern)에 의거하여 통합적으로 하는 경향이 강하다. 정보를 한꺼번에 효율적으로 처리할 수 있기 때문이다. 따라서 논리는 굳이 학문적인 정의에 매달릴 필요가 없이 논리적인 실용 패턴 몇 개만 잘 익히면 된다.

논리는 힘글쓰기에서도 나타난다. 주제/주장(힘1)과 1차 뒷받침인 근거(힘2)와의 추리적인 관계가 논리이다. 근거는 '왜(Why)나 어떻게(How)'로 우리 머리가 이해하는 부분이며 추상적인 개념(설명을 통해 머리만이 이해)을 다룬다.

이에 반하여 2차 뒷받침인 증명은 논리가 작용하지 않고 단순히 우리 눈이 확인하는 부분이다. 그래서 눈이 확인할 수 있도록 문장이 '사실은(In fact)', '자료에 따르면(According to data)', '전문가 의견이 말하기를(Testimonies say)' 또는 '예를 들면(For examples)'으로 시작한다.

그런데 많은 글이 1차 뒷받침과 2차 뒷받침을 구분하지 않는다. 특히 동양은 그 경향이 심하다. 근거와 증명을 합하여 증거 하나로 끝낸다. 뒷받침을 1 · 2차로 구분하지 않고 증거 하나로 끝내면 글을 빠르게 전개하는 데 도움이 되지만 논리적인 사고 단계를 생략하게 된다.

1 순차적 또는 나열식 패턴

가장 많이 쓰이는 전개 방법이다. 일이 일어나는 순서를 시간이나 장소 순으로 적거나 대상을 하나의 방향으로 나열하는 방법이다. 순차적 또는 나열식 전개는 아주 일반적이어서 크게 보면 다음의 전개 방법이 모두 이 범주에 해당한다고 볼 수 있다.

- 시간적(Chronological) 전개
- 장소적(Spatial) 전개
- 과정(Process) 전개
- 중요도 순서(Order of Importance)로 전개(또는 역방향)
- 일반에서 상세(General to Specific)로 전개(또는 역방향)

순차적 또는 나열식 전개는 첫째 · 둘째 · 셋째와 같은 신호가 주로 사용된다. 이들 신호를 전환신호(Transitional Signal)라고 부른다. 전환신호는 문단 제일 앞에 두어 그 문단이 진행해 나가는 방향을 미리 알려준다. 다음 표는 많이 쓰이는 순차 전환신호이다.

Sequence	first, second, third, next, then, afterwards, at last, finally
Addition	also, again, as well, besides, furthermore, moreover, too

Time	before, after, now, later, since, then, during, meanwhile, currently, immediately, recently, simultaneously, subsequently
Space	above, below, here, there, adjacent, beyond, nearby, in front, in back, in clockwise, in count clockwise

도표 3.8 순차 전환신호

첫째 장의 원칙 1(글의 구조: 힘글쓰기)에서 다룬 에세이(Cats are the ideal house pet)가 전형적인 순차적 전개였다. 논리적 전개에 가장 많은 쓰인다. 문단 첫머리에 'first', 'second', 'third'의 전환신호를 두었다.

다른 예[14]이다. 이 예는 한 문단으로 이루어진 글이라서 문단 안에 전환신호(**굵은 음영**으로 표시)를 넣었다.

예1 You can safely swim with piranhas, but it's important to know how and when to do it. **First**, chose an appropriate time, preferably at night and during the rainy season. Avoid piranha-infested waters during the dry season, when food supplies are low and piranhas are more desperate. Piranhas feed during the day, so night-time swimming is much safer. **Second**, streamline your movement. Wild or erratic activity attracts the attention of piranhas. Swim slowly and smoothly. **Finally**, never enter the water with an open wound or raw meat. Piranhas attack

14) http://www.unc.edu/depts/wcweb/handouts/paragraphexamples.html#2

larger animals only when they are wounded. The presence of blood in the water may tempt the fish to attack. If you follow these simple precautions, you will have little to fear.

순차적 전개는 또 지시매뉴얼(Instruction Manual)에서도 많이 쓴다. 다음 표는 소화기 사용지침서이다. 항목을 리스트(list)로 배열하고 명령문을 동사로 일관되게 유지하는 병치구조(Parallel Structure)를 갖는다.

P A S S

Pull the safety pin on the extinguisher.

Aim the hose of the extinguisher at the base of the fire.

Squeeze the handle to discharge the material.

Sweep the hose across the base of the fire from side to side.

도표 3.9 소화기 사용지침서

2 비교 또는 대조 패턴

서로 같은 성질은 비교하고, 서로 다른 성질은 대조한다. 직장에서는 단순하게 비교만 하거나 단순하게 대조만 하는 경우는 드물기에 비교 또는 대조는 섞어서 쓰거나 구분하지 않고 쓰는 경우가 많다. 비교 또는 대조 패턴은 다음과 같다.

- 문제 및 해결(Problem and Solution) 전개
- 원인 및 결과(Cause and Effect/Result) 전개
- 논쟁(Argument) 전개

우리가 직장에서 하는 일은 대부분 문제를 찾아내어 해결하는 문제 및 해결 행위이다. 또 연구소와 대학에서 하는 연구도 의문에 대한 답을 찾는 일이다. 문제와 해결은 서로 반대되는 대조적인 성격을 가진다. 그리고 보면 보고서 · 제안서 · 기획서 쓰기가 이 패턴이다.

원인 및 결과 전개는 대조적인 논리이기도 하고 순차적인 논리이기도 하다. 원인은 문제를, 결과는 해결을 나타낸다고 하면 대조적이고, 원인이 있어야 결과가 있다고 하면 순차적이다. 순차적인 원인 및 결과 전개는 통상 'Fish-bone Diagram'으로 나타낸다.

논쟁 전개는 찬성과 반대가 극명하게 대치하는 전형적인 대조적인 글이다. 논술문 쓰기가 이 패턴이다. 다음 표는 비교 또는 대조에 많이 쓰이는 전환신호이다.

Comparison	also, as...as, in the same way, just as, likewise, similarly
Contrast	although, but, however, in spite of, nevertheless, on the contrary, on the other hand, still, while, yet
Cause	because of, due to, if, since
Effect	accordingly, consequently, hence, so, therefore, thus
Result	as a result, consequently, hence, so that, then, therefore, thus

도표 3.10 비교 또는 대조 전환신호

다음의 예 2[15]는 비교 또는 대조 패턴이 잘 나타난 글이다. 전환신호는 **굵은 음영** 으로 표시하였다.

예2 "Earth is surrounded by an atmosphere that protects all the plants and animals on the planet from the extreme conditions in space. It shields us from the sun's radiation, helps us keep our planet warm, and contains the oxygen that many of Earths creatures need to survive. Mars, **too**, has an atmosphere, **but** it is very different from Earth's. The Martian atmosphere is very, very thin and is made up almost entirely of carbon dioxide. Fine red Martian dust fills the thin air and creates a pink sky all year round" (*The Mystery of Mars*).

15) http://www.uen.org/Lessonplan/preview.cgi?LPid=11352

다음의 예 3[16]은 원인 및 결과 패턴이 잘 나타나는 글이다. 전환 신호는 If – then이나 Therefore가 많이 쓰이지만 이 예문에는 전환신호가 없다. 원인 및 결과 패턴에서 전환신호는 되도록 적게 쓰는 것이 좋다. 내용으로 전개해야지 신호로 잇는 것은 하수다. 그래서 이 글은 잘 쓴 글이다.

예3 "When sound waves hit an object, some of them bounce back toward their source. This bounce is an echo. Some animals use this echo effect to help them survive. They send out sounds that bounce off objects and other animals. (Many of these sounds are too high-pitched for humans to hear.) The echoes of the sounds then bounce back to the source animal. This is called echolocation. The bouncing sounds help the animals "see." Echolocation helps them find food and move around without bumping into things" (Physics of Sound).

3 분할 또는 분류 패턴

크고 복잡한 정보를 쪼개어 효과적으로 다루는 방법이 분할통치(Divide and rule)이다. 큰 것을 쪼개어 같은 성격을 가진 것끼리 따로 모

16) http://www.uen.org/Lessonplan/preview.cgi?LPid=11352

으는 것이다. 위에서 아래로 내려가는 하향식(Top-down) 방식이다.

한편 작고 간단한 정보를 모아 차츰 큰 정보로 만들어가는 방법은 분류(Classification)이다. 분류는 주로 아래에서 위로 하는 상향식(Bottom-up) 방식이라 많은 정보를 체계적으로 다룰 수 있다. 즉 같은 하위정보를 한데 묶어 그룹화(Grouping 또는 Clustering)하여 상위정보를 도출하는 것이다. 브레인스토밍(Brainstorming)에서 정보를 체계화할 때 많이 활용하는 방식이다.

새로운 아이디어를 창출할 때 이와 같이 상향식으로 정보를 체계화하여 마지막에 하나의 주제에 이른다. 이렇게 작업을 하면 구조가 완성된다. 모든 사물에는 구조가 있듯이 글 또한 마찬가지이다. 분류는 인류의 지식을 체계화하는 데 결정적인 역할을 하였다.

이와 같은 분류법은 우리가 논문을 쓸 때 가장 많이 활용한다. 분류법에 따라 정보를 모아 놓으면 이것이 곧 개요(Outline)가 된다. 이렇게 해야 논문이 전체적으로 통일성과 응집성을 가지게 된다. 다음의 표는 분할 또는 분류에 많이 쓰이는 전환신호이다.

Division or Classification	be categorized by..., be classified..., be divided into..., in this category..., this type of..., several kinds of...

도표 3.11 **분할 또는 분류 전환신호**

다음의 예 4[17]는 분류에 관한 글이다. 문단이 P[S_1-$\underline{S_2}$-S_3-S_3-S_3-

17) http://www.unc.edu/depts/wcweb/handouts/paragraphexamples.html#4

S_3-S_4]의 문장으로 구성된 점에도 유의하자. 또 전환신호가 하나(음영 부분: In contrast)밖에 없는 점에도 주목하자. 한 문단 안에서는 전환신호가 적을수록 잘 쓰는 글이다. 그래서 접속어를 적게 쓰라고 한다.

예4 Piranhas comprise more than 30-60 species of fish, depending on whom you ask. The many species fall into four genera: Pygocentrus, Pygopristis, Serrasalmus, and Pristobrycon. Piranha in the Pygocentrus genus are the most common variety, the kind you might find in a pet store. Pygopristis piranha are herbivores, feasting on seeds and fruits, not flesh. In contrast, fish in the Serrasalmus genus eat only meat, and their teeth are razor-sharp. Pristobrycon are the least friendly of all piranhas; they often bite the fins of other fish, even fish of the same species. The label piranha, then, refers to a wide variety of species.

4 기타 전환신호

논리적인 전개가 끝나면 머리가 이해하는 것은 종료된다. 이제 눈으로 보여주면서 증명을 하여야 한다. 증명의 범주에는 사실, 의견, 자료 및 예가 들어간다. 이들에 대한 전환신호도 당연히 중요하다.

Facts	factually, in fact, photograph shows
Data	in length, in volume, in weight, statistically
Testimonies	according to Dr. ooo, Dr. ooo says
Examples	for example, for instance, namely, to illustrate

도표 3.12 증명 전환신호

전환신호는 문장과 문장, 문단과 문단을 이어 유연한 흐름을 만들어주기에 글의 응집성에 매우 중요하다. 그러므로 전환신호는 다방면으로 요긴하게 쓰인다. 다음은 양보를 요청하거나, 강조하거나, 요약할 때의 전환신호이다.

Concession	certainly, of course, no doubt, to be sure
Emphasis	above all, especially, indeed, in fact, in particular, surely
Restatement	in other words
Summary	finally, in brief, in conclusion, in the end, thus, to summarize

도표 3.13 기타 전환신호

전환신호는 대부분 부사로 하지만 문단이 매우 많을 때에는 한 문단 전체가 전환신호가 된다. 이제까지 나온 내용을 요약하고 앞으로 나갈 방향을 미리 알려주는 역할을 한다(규칙 2.2에서의 예 1 참조).

규칙 3

Exercise 연습 문제

원인 및 결과로 패턴을 이루는 글[18]이다. 전환신호가 잘못된 곳을 찾아 바르게 고쳐보자.

1 There are several possible reasons why my father is in excellent health, even though he is over eighty years of age. For one thing, he is in excellent condition ① because he has stopped smoking cigarettes. He quit smoking cigarettes ② because of whenever he climbed stairs he would invariably stop several times and cough loudly. His good health is also ③ since his cutting down on the wrong kinds of foods. For example, whereas before he would eat fatty red meat and deep-fried dishes several times a week, nowadays he seldom does so. He has more energy ④ as a result. He is also in good physical shape ⑤ as a consequence his devotion to exercise. He swims three times a week at the local gym, and on sunny days he prefers to walk home rather than take the bus. ⑥ So, my father is in better shape than some of his children are!

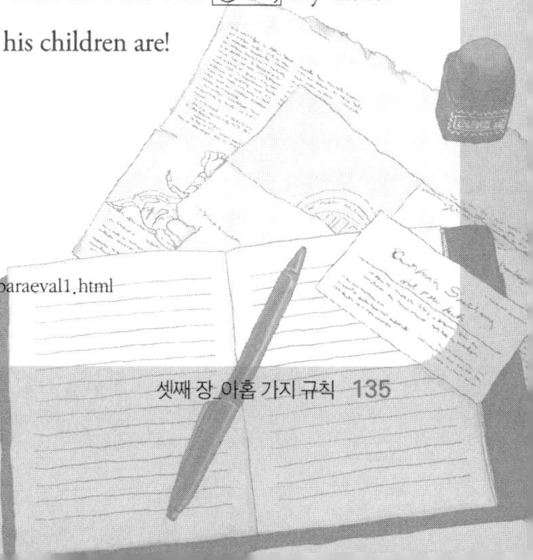

18) http://lrs.ed.uiuc.edu/students/fwalters/paraeval1.html

2 The invention of the rocket has sometimes had negative effects on human society. For example, these devices have been used in warfare. ① Due to, people have sometimes been killed en masse. Rocket technology has improved with time, ② so, rocket engines have come to possess greater range. Conceivably, deadly "warheads" can ③ therefore, be sent to reach targets far away from the launch site. Recently, ④ as a result the development of nuclear power, a rocket with a nuclear warhead can be ⑤ the result of the deaths of millions of people in a few moments. Tens of millions more can possibly die ⑥ due to the spread of radioactive fallout from a single explosion.

규칙 3

Suggested Answer 해답

전치사(of/to) 다음에는 구(phrase)가 온다. 전치사가 없으면 절(clause)이 온다.

1 ① ○ ② ×(Because 또는 Since)

③ ×(Because of 또는 Due to) ④ ○

⑤ ×(As a consequence of)

⑥ ×(문장 앞머리에는 'So'가 오지 않는다. 삭제, 또는 Consequently)

2 ① ×(Consequently 또는 Therefore) ② ×(콤마 삭제)

③ △(신호가 없어도 됨. 있을 때는 콤마 삭제가 나음)

④ ×(As a result of) ⑤ ×(the cause 또는 reason)

⑥ △(as a result of도 가능)

규칙 4

Character or Actor

문장의 주어는 사람으로 하라

한글은 주어가 없어도 문장이 된다. 그러니 우리가 평소 글을 쓸 때 주어에 관심을 두지 않는다. 이런 경향은 영어쓰기에도 그대로 나타나 우리는 주어를 제대로 쓰지 않는다. 주어는 행위의 주체를 나타내고 책임 소재를 분명하게 하기 때문에 글을 명확하고 간결하게 쓰는 데 매우 중요한 역할을 한다.

영어에서 주어 또는 주어부는 다양한 형태를 가진다. 인칭[예: I], 추상명사[Sight], 동명사[Seeing], to-부정사[To see], 구[The famous sight], 절[What I see], 가주어[It] 및 생략주어[See it] 등이다. 이공계는 이 가운데에서 인칭 주어를 가장 적게 쓴다.

1 주어는 행위자로 하라

사람[나] → 사물[기계] → 추상명사[성능]로 갈수록 구체성이 떨어지고 책임 소재도 없어진다. 뜻이 명확하고 책임 소재가 분명한 글을 쓰려면 사람을 주어로 해야 한다. 법인체인 기관이나 회사도 좋다. 그런데 우리는 사물이나 추상명사를 주어로 사용하는 경우가 너무 많다.

다음의 예를 보자. 주어부를 음영, 행위자를 **굵게**(bold) 표시하였다. 주어와 행위자가 일치하면 **굵은 음영**으로 나타내었다.

예1 Complaints by **operators** about the administrative tasks have been frequent.

▶▶ **Operators** have frequently complained about the administrative tasks.

이 같은 표현은 전문직이 하는 악습 가운데 가장 대표적인 것이다. 동사로 표현하여야 할 단어(Complains)가 명사화(이를 명사화구문[19], 즉 Normalization이라고 한다)되어 주어로 나타나는 것이다.

---

19) 명사화구문은 수동태와 더불어 이공계 영어쓰기에서 가장 문제가 되는 요소이다. 능동태(Active Verb)도 방해한다.

예2 In the estimation of **scientists**, the extinction of **as many as four and a half million species** (or 90 percent of the whole) occurred at the end of the Paleozoic era.[20)]

▶▶ **Scientists** estimate that **as many as four and a half million species** (or 90 percent of the whole) became extinct at the end of the Paleozoic era.

다음의 예들[21)]을 보자. 주어부를 음영으로, 행위자를 **굵게**(bold) 표시하였다. 주어와 행위자가 일치하면 **굵은 음영**으로 나타내었다.

예3 **Congress**'s reduction of the deficit resulted in the decline of **interest rates**. 또는 The reduction of the deficit by **Congress** resulted in the decline of **interest rates.**

'reduction'(감소: 추상명사)이 주인이고 'decline'(하락: 추상명사)이 주인이다. 행위의 주인이 없다. '**Congress**'가 주인이고 '**interest rates**'가 주인이다. 행위의 책임자다.

▶▶ **Interest rates** declined because **Congress** reduced the deficit.

비슷한 다른 예이다. 논쟁, 즉 추상적인 개념이 주어이다. 문장에

20) http://www.io.com/~hcexres/style/characters_subjects.html

21) 김영희 · 류광현(역), 《Style: 문체》(Joseph M. Williams, *Style*, 홍문관, 2010), p.104.

행위자가 아예 없다. 그러니 주어부에도 **행위자**가 없다. **행위자**인 사람을 찾아내어 주어로 해야 뜻이 명확해진다.

예4 Theological debates often address issues considered trivial by scientific thought.

▶▶ **Theologians** often debate issues that **scientists** consider trivial.

이론가들이 자주 하는 논쟁들은 과학자에게는 사소한 것이다.

사람이 주어가 되면 주어부가 짧아지는 이점이 있다. 앞의 여러 예에서 보듯이 주어부의 6~7개 단어가 두 개 이내로 줄어든다. 다음의 예는 주어부가 이례적으로 길다. 주어부를 대폭 줄일 수 있다.

예5 **The leading company**'s remarkable success in the North American market for household electronics helped **the other companies** rush into this area.

▶▶ Since **the leading company** made remarkable success in the North American market for household electronics, **the other companies** rushed into this area.

다른 예[22]이다. 과학자는 인칭 주어 쓰는 것을 아주 꺼린다. 추상적인 주어부를 길게 쓴다.

22) 위의 책, p.114.

예6 Research strategies that took for more than one variable are of more use in understanding factors in psychiatric disorder than strategies based on the assumption that the presence of psychopathology is dependent on a single gene or on strategies in which only one biological variable is studied.

정신장애를 이해하기 위해 하나 이상의 변수를 채택하는 연구 전략은 정신병리가 하나의 유전자에 달려 있다는 가정이나 하나의 생물학적 변수만이 고찰되는 전략보다 유용하다.

사람을 주어로 하자. 주어와 행위자가 일치하여 뜻이 명확하다. 단점이 있다면 주어를 어쩔 수 없이 일반인 주어(one/we/they)로 할 수밖에 없다는 점이다.

▶▶ If **one/we/researchers** are to understand what causes psychiatric disorder **one/we/they** should use research strategies that look for more than one variable rather than assume that **a single gene** is responsible for psychopathology or adopt a strategy in which **one/we/they** study only one biological variable.

기술자나 과학자는 일반인 주어를 싫어한다. 그래서 차라리 수동태로 글을 쓴다.

▶▶ To understand what makes patients vulnerable to psychiatric disorders, strategies that look for more than one variable should be used rather than strategies in which it is assumed that a gene causes psychopathology or only one biological variable is studied.

수동태는 명확한 글에는 최대의 적이다. 따라서 수동태는 되도록 자제하는 것이 좋다. 상세한 내용은 다음의 규칙 5(활기있는 동사를 쓰라)에서 다룬다.

2 복합명사구를 사용하지 말라

명사가 두 개 이상 쌓이면 복합명사구(Noun Stacks)가 된다. 전문용어에 특히 복합명사구가 많다. 복합명사구는 명사 세 개까지가 이해하기 쉽다. 그래서 쉬운영어/통제언어(Simplified/Controlled Language)는 명사 쌓기를 세 개까지 허용한다. 네 개를 넘어가서 가령 '성능향상방안종합대책'이라고 하면 아는 사람만 알아듣는다.

쌓인 명사를 푸는 방법은 뒤쪽 명사를 차례로 앞으로 가져와서 문장 형태로 쓰면 된다. 이때에는 전치사(in, for, of), to-부정사, 동명사 등을 적극적으로 활용한다. 미국 Federal Plain Language Guideline(2010)이 추천하는 예이다.

예1 Underground mine worker safety protection procedures development

▶▶ Developing procedures to protect the safety of workers in underground mines

예2 Draft laboratory animal rights protection regulations

▶▶ Draft regulations to protect the rights of laboratory animals

예3 NHTSA's automobile seat belt interlock rule

▶▶ NHTSA's interlock rule applies to automotive seat belts

(NHTSA; The National Highway Traffic Safety Administration)[23]

특히 주어부에는 기본적으로 명사쌓기가 있어서는 안 된다. 행위자를 찾아 주어로 해야 한다. 'result'나 'cause'와 같은 동사는 'because-절'로 변환한다. 다음 예문[24]은 주어부가 네 개의 명사이고 추상적인 개념이다. 행위자를 주어로 한다.

23) 기관이나 법률을 나타내는 고유명사는 명사쌓기를 해도 된다. 하나의 대상이기 때문이다. 전문용어도 명사쌓기가 허용된다.

24) 김영희 · 류광현(역), 앞의 책, p.129.

예4 Early childhood thought disorder misdiagnosis often results from unfamiliarity with recent research literature describing such condition.

▶▶ **Physicians** misdiagnoses disordered thought in young children because **they** are unfamiliar with recent literature on the subjects.

3 주어가 사람이 아닐 수도 있다

주어가 사람이면 가장 좋다. 사물이나 추상명사를 주어로 하는 것은 되도록 피해야 한다. 그런데 주어가 아예 사람이나 사물, 추상명사가 아닐 수도 있다. 문법적으로 세 가지 구문 형태가 있으며 적절히 사용하면 좋은 문장이 된다.

① There-구문

'There is/are' 구문은 통상 쓸데없이 말만 늘어놓는 주범이다. 그렇지만 노련한 작가는 문단을 시작하는 소주제문(Topic Sentence)에 There-구문을 활용한다. 앞으로 논의될 소주제를 효과적으로 제시할 수 있기 때문이다. 주어부가 추상적인 개념일 경우 특히 유용하다.

예5 Several effective solutions let the plant operate smoothly.

▶▶ There are several effective solutions that let the plant operate smoothly.

② What-구문

강조하고 싶은 부분이 있으면 What-구문을 쓴다. 'is' 뒤에 나오는 정보가 특별히 강조된다.

예6 **We** need two automatic systems that will enhance the productivity of the plant by 50%.

▶▶ **What we need** is two automatic systems that will enhance the productivity of the plant by 50%.

③ It-구문

주어부가 길어지면 이를 that-절로 바꾸고 가주어 It을 내세운다.

예7 The productivity will be set by automatic systems is a common sense.

▶▶ **It** is a common sense **that** the productivity will be set by automatic systems.

규칙 4

Exercise 연습 문제

1 다음 예문들[25)]은 주어부가 길다. 주어를 짧게 바꾸어보자.

ⓐ Macro virus population diversity had gone from 1 to over 800 between 1999 to 2001.

ⓑ Combustion chamber exit gas temperatures are approximately 2400° F.

ⓒ Household gross monthly income, minus allowable income exclusions, cannot exceed household-based gross income program eligibility limits.

2 다음의 문단[26)]은 앞의 규칙 2.2에서 하나의 문단을 두 개로 나눌 때 한번 활용한 예문이다. 주어부가 추상명사이며 5~6 단어이다. 이를 두 문단으로 나누고 주어를 행위자인 **사람**으로 바꾸라.

Notice of a bid advertisement shall be published in at least one local newspaper and in one trade publication at least 30 days in advance of sale. If applicable, the notice must identify the reservation within which the tracts to be leased are found. Specific descriptions of the tracts shall be available at the office of the superintendent. The complete text of the advertisement shall be mailed to each person listed on the appropriate agency mailing list.

---

25) http://www.io.com/~hcexres/style/noun_stacks.html

26) http://www.plainlanguage.gov/howto/guidelines/bigdoc/write1Issue.cfm

규칙 4

Suggested Answer 해답

1 ⓐ The diversity of the macro virus (population) had gone from 1 to over 800 between 1999 to 2001.

ⓑ Gas temperatures exiting the combustion chamber are approximately 2400° F.

ⓒ Household monthly net income (Household gross monthly income minus allowable income exclusions) , cannot exceed eligibility limits of household-based gross income program.

2 Thirty days before the sale, we will publish a notice advertising bids. The notice will be in at least one local newspaper and in one trade publication. It will identify any reservation where the tracts to be leased are located.

We will share information about this process in two other ways. We will mail the advertisement to each person on the appropriate agency mailing list. We will also provide specific descriptions of the tracts at the superintendent's office.

규칙 5 Active Verb

활기 있는 동사를 쓰라

주어가 주체-행위자를 나타낸다면 동사는 행위를 드러낸다. 행위는 주체보다 더 중요한 정보를 준다. 그렇게 보면 문장에서 동사가 가장 중요한 역할을 담당한다. 동사는 글쓰기에서 연료와 같다. 문장에 힘을 준다.

독자는 중요한 정보를 빨리 읽고 싶어 한다. 그래서 동사를 문장에서 빨리 드러내는 글쓰기를 해야 한다. 따라서 문장은 주어(행위자)+동사(행위)로 시작해야 읽는 사람이 S+V(Subject+Verb)만 보고도 문장 내용의 80%를 짐작할 수 있다. 이런 원칙을 가장 거스르는 것이 명사화 구문과 수동태이다.

1 명사화구문을 쓰지 말자

행위는 팔팔하게 살아 움직이는 동사가 제격이다. 이것을 죽여 명사로 만들면 글이 활력을 잃는다. 명사화구문이 주어부에 오면 행위자까지 숨기게 되어 최악의 문장이 된다. 명사화구문은 행위자와 행위를 숨기기에 명확한 글쓰기에서 최대의 적이다.

다음의 예[27]를 보자. 앞에서와 같이 주어(주어부)는 음영으로, 주체-행위자는 **굵게** 표시하고, 이에 더하여 행위는 밑줄로 구분하였다.

예1 The intention of **the committee** is to audit the records

▶▶ **The committee** intended to audit the records.

예2 **Our** loss in sales was a result[28] of **their** expansion of outlets.

▶▶ **We** lost sales because **they** expanded outlets.

예3 The problem was the topic of **our** discussion.

▶▶ **We** discussed the problem.

이번에는 행위가 주어부뿐만이 아니고 도처에 숨어 있는 예[29]이다. 가히 명사화구문이 판을 치는 문장이다.

---

27) 김영희 · 류광현(역), 앞의 책, pp.89-91.

28) Result라는 명사는 Because로 풀어주면 부드러운 문장이 된다.

29) 김영희 · 류광현(역), 앞의 책, pp.111-112.

예4 **Governmental** intervention in fast changing technologies has led to the distortion of **market** evolution and interference in new product development.

이 문장은 여러 문제를 가졌다.

① 행위가 명사로 표현되는 명사화구문(밑줄)이 다섯 개이다.

② 주어부의 단어가 여섯 개여서 행위동사가 빨리 나올 수 없다.

③ 주어가 'intervention', 명사화구문으로 주체가 아니다.

④ 한마디로 주어(행위자)+동사(행위), 즉 S+V가 아니다.

이 문장을 고쳐본다.

① 이 문장의 주체는 **a government**이다. 행위자가 주어이다.

② 동사는 명사화구문(밑줄 친 부분) 다섯 개를 모두 변환한다.

- intervention → intervene
- distortion → distort
- evolution → evolve
- interference → interfere
- development → develop

③ 주어(행위자)+동사(행위), 즉 S+V로 문장을 전개하면 다음과 같다.

▶▶ When **a government** intervenes in fast changing technologies **it** distorts how **markets** evolve or interfere with their ability to develop new products.

다음 예문[30]은 주어부가 10단어이다. 명사화구문도 여섯 개이다. 주어부는 음영으로, 행위자는 **굵게**, 그리고 행위는 밑줄로 표시하여 구분하였다.

예5 The cause of **our school**'s failure at teaching basic skills is not understanding the influence of **cultural background** on learning.

명사화구문이 여섯 개 있다. '**cause**', '**failure**', '**teaching**', '**understanding**', '**influence**' 및 '**learning**'을 동사로 바꾸어 주면 행위자인 주어가 나타난다. '**our school**'과 '**cultural background**' 같이 굵은 부분이 주어가 될 수 있는 명사이다.

동사로 바꿀 수 있는 명사화구문이 여섯 개이고 주어로 쓸 수 있는 것이 두 개라면 주어가 네 개 모자란다. 이럴 경우에 주어를 적극적으로 살리는 방법이 있다. 우선 'we'나 'they' 같은 일반인 주어를 적극 활용한다. 또 'the cause'나 'the result'는 'because-절'로 바꾸어 준다. to-부정사도 사용한다.

▶▶ **Our schools** have failed to teach basic skills because[31] **they** do not understand how **cultural backgrounds** influence the way **children** learn.

---

30) 위의 책, p.78.

31) 고친 문장에서 'because-절'이 뒤따라 나오는 점에 유의하자. 앞의 규칙 2.3에서 설명한 바와 같이 가벼운 이유를 뒤에 붙일 때 because-절을 대동한다.

쉬운 문장은 행위자와 행위가 금방 나타난다. 문장이 시작되고 7~8 단어가 지나도 이들이 나타나지 않으면 일단 문제 있는 문장이다. 명사화구문을 의심해 보아야 한다.

명사화구문이라고 반드시 나쁜 것은 아니다.[32] 나름대로 쓸모가 있기에 우리가 남용하는 것이다. 명사화구문은 문장을 효과적으로 압축한다. 용도에 맞게 쓰면 명약이 된다.

① 앞의 문장을 압축하는 주어로 사용할 때

We made a difficult decision to embark on the new business.

▶▶ This decision gave us a big profit later.

② 명사절을 압축하는 목적어로 사용할 때

I accepted what she requested.

▶▶ I accepted her request.

③ 독자에게 익숙한 개념일 때

The Equal Rights Amendment was an issue in past elections.

The Taxation without representation did not spark the American Revolution.

---

32) 김영희 · 류광현(역), 앞의 책, pp.95-96.

참고로 명사화구문은 동사만 명사로 바꾸는 것이 아니고 형용사도 명사로 바꿀 수 있다. 형용사로 된 명사화구문도 주어로 쓰면 안 된다.

VERB →	VERB + ing →	ADJECTIVE →
discover → discovery	do → doing	careless → carelessness
react → reaction	sing → singing	different → difference
resist → resistance	smoke → smoking	proficient → proficiency

도표 3.14 **명사화구문의 형태**

2 의미 없는 빈 동사를 쓰지 말자

명사화구문이 나쁜 또 다른 이유는 의미 없는 빈 동사(Empty verb)를 대동하기 때문이다. 예를 들면 'do the development'와 같이 'do'는 아무런 의미가 없다. 'develop'가 동사로 되어야 활기가 살아난다. 우리말도 마찬가지이다. '공부를 하고 놀이를 하자'가 아니고 '공부하고 놀자'이다. '빈 동사+명사화구문'은 전치사도 쓸데없이 데리고 다닌다. 그래서 더욱 욕을 먹는다. 빈 동사는 의외로 많다. 다음의 예들[35)]이 이를 잘 보여준다.

빈 동사	명사화구문
achieve, conduct, do, effect, give, have, make, reach, take	–ment, –tion, –sion, –ance (종종 'the' 와 'of' 사이에 온다)

도표 3.15 빈 동사와 결합하는 명사화구문

예1 The agency conducted an investigation into the matter.

▶▶ The agency investigated the matter.

예2 If you cannot make the payment of the $100 fee, you must make an application in writing before you file your tax return.

▶▶ If you cannot pay the $100 fee, you must apply in writing before you file your tax return.

예3 If we need to carry out a review of the Agency's accounts so we can gain an understanding of the reason the error occurred.

▶▶ we need to review the Agency's accounts so we understand the reason the error occurred.

예4 This means we must undertake the calculation of new figures for the congressional hearing.

▶▶ This means we must calculate new figures for the congressional hearing.

33) http://www.plainlanguage.gov/howto/wordsuggestions/hiddenverbs.cfm

예5 The production of accurate statistics is important for the committee in the assessment of our homelessness policy.

▶▶ Producing accurate statistics is important to the committee in assessing our policy on homelessness.

'There is' 다음에도 통상 쓸데없는 명사가 온다(유일한 예외가 소주제문에서 소주제를 들어낼 때, 규칙 4.3 참조). 활기찬 동사로 바꾸어야 한다.

예6 There is no need for **our** further study of this problem.

▶▶ **We** need not study this problem further.

3 능동태로 쓰라

과학자와 기술자는 습관적으로 수동태를 많이 쓴다. 사물을 객관적으로 표현하기 때문이라고 생각한다. 그런데 수동태는 뜻이 명확하지 않기에 되도록 쓰지 말라는 권고가 많다. 수동태의 딜레마다.

수동태는 나름대로 효용성이 크다. 주체-행위자를 드러낼 필요가 없거나, 사물을 강조하거나, 글의 흐름, 즉 응집성을 유지(흐름은 다음장 규칙 6에서 별도로 다룸)할 때 중요한 역할을 한다.

예1 **Authorities** make rules to be broken. (말이 안 된다)

▶▶ Rules are made to be broken.

예2 **People in general** do not consider that science and technology can solve social problems. (주체를 굳이 밝힐 필요가 없다)

▶▶ Science and technology are considered not to solve social problems.

예3 Scientists have taken the definition of Einstein's theory of relativity simply to mean $E=mc^2$.

▶▶ The definition of Einstein's theory of relativity was taken simply to mean $E=mc^2$. (주어를 강조한다)

수동태가 문제가 되는 것은 남용되고 있기 때문이다. 과학자가 객관적인 표현을 하기 위해 쓰는 수동태 표현(밑줄)이 문제인 것이다.

예4 Based on the writers' verbal intelligence, prior knowledge and essay scores, their essays were analyzed for structure and evaluated for richness of concepts. The subjects were then divided into a high or low ability group. Half of each group was randomly assigned to a treatment group or to a placebo group.[34)]

34) 김영희 · 류광현(역), 앞의 책, p.104.

산업시대에는 객관성이 중요하였다. 그런데 정보시대가 되면서 정보의 양이 폭발적이어서 이제는 정확성이 더 중요한 덕목이 되었다. 수동태는 책임 소재가 없고 뜻이 명확하지 않은 단점을 지니고 있다. 따라서 정보시대의 글은 되도록 능동태로 써야 한다.[35)]

능동태를 쓸 때, 주어는 사람이나 생물이 가장 좋다. 주체적으로 움직일 수 있는 행위자이기 때문이다. 이것이 안 되면 기관이나 건물도 괜찮다. 이들도 권리의 주체이다. 도표 3.16이 좋은 예문들[36)]이다.

수동태	능동태
New regulations were proposed.	**We** proposed new regulations.
The following information must be included in the application for it to be considered complete.	**You** must include the following information in your application.
Bonds will be withheld in cases of non-compliance with all permits and conditions.	**We** will withhold your bond if you don't comply with all permit terms and conditions.

도표 3.16 **수동태를 능동태로 바꾼 표현(사람이 주어)**

수동태의 문장은 사물이 주어가 되면서 권리의 주체가 사라진다. 뜻도 모호해지고 문장도 길어진다. 사물이 주어가 될 경우에는 이를 최

35) 물론 예외가 있다. 아직도 독자에 따라서는 수동태를 더 선호할 수 있기에 글을 쓰기 전에 독자(논문의 경우는 학회 편집자)의 선호를 미리 파악하여야 한다.

36) http://www.plainlanguage.gov/howto/guidelines/bigdoc/writeActive.cfm

대한 의인화[37]해서 주체로 삼는 것도 해결 방법이다. 'In this report, it is suggested that'으로 쓰지 말고 'This report suggests that'으로 하는 것이 좋다.

수동태	능동태
Control of the bearing-oil supply is provided by the shutoff valves.	Shutoff valves control the bearing-oil supply.
Leaking of the seals is prevented by the use of O-rings.	O-rings keep the seals from leaking.
Fuel-cost savings were realized through the installation of thermal insulation.	The installation of thermal insulation cut fuel costs.

도표 3.17 수동태를 능동태로 바꾼 표현(의인화)

이공계 분야의 글에서 다음과 같은 단어가 나오면 적극적으로 능동태의 글을 써야 한다. **challenge, consider, correspond, indicate, show, suggest, support, yield.**

예5 A number of things are **indicated** by these results.[38]

▶▶ These results indicate a number of things.

37) R.W. Bly, *op. cit.*

38) http://www.io.com/~hcexres/power_tools/sentence_style.html

예6 Heart disease is **considered** the leading cause of death in the US.

▶▶ Research points to heart disease as the leading cause of death in the US.

or, ▶▶ Researchers have concluded that heart disease is the leading cause of death in the US.

예7 The balloon is positioned in an area of blockage and is inflated.

▶▶ The surgeon positions the balloon in an area of blockage and inflates it.

과학 논문도 이제는 능동태로 쓸 것을 적극 권장한다. 다음의 글은 권위 있는 저널들이 사용하는 표현(특히 예 10은 'Science'에서 발췌)[39]이다.

예8 This paper is concerned with two problems. How can **we** best handle in a transformational grammar certain restrictions that …, To illustrate, **we** may cite…, **we** shall show…

예9 Since the pituitary-adrenal axis is activated during the acute phase response, **we** have investigated the potential role… Specially, **we** have studied the effects of interleukin-1…

39) 김영희 · 류광현(역), 앞의 책, pp.124-125.

예10 **We** examine… **We** compare… **We** have used… Each has been weighted… **We** merely take… **They** are subject… **We** use… **Efron and Morris** describe… **We** observed… **We** might find…

능동태로 쓰기 위해 'I'나 'We'를 활용할 때 주의할 것이 있다.

- 첫 문장을 'I'나 'We'로 시작하지 말라. 과학적인 관심을 날려버린다.

  (예: I investigated that)
- 주관에 의한 추측이나 감정에 의한 'I'나 'We'를 쓰지 말라.

  (예: I believe, We feel)
- 독자를 끌어들여 'We'를 사용하지 말라.

  (예: Here we see the balloon is positioned)

수동태로 쓰면 문법적으로 'Daggling Modifier'의 문제도 있다. 종속절의 주어와 주절의 주어가 일치하지 않는다. 다음의 첫 번째 문장[40]은 주어인 'preparation'이 'determine'을 한다.

예11 To determine if monokines elicited a response, preparations… were added.

▶▶ To determine if monokines elicited a response, I prepared…

---

40) 위의 책, p.127.

과학자가 'I'나 'We'를 피한다고 객관성을 높이는 것은 아니다. 모든 행위에는 행위자가 있다. 이것을 분명히 밝혀야 오히려 객관성이 높아진다고 볼 수 있다. 행위자를 숨기는 과학자 스타일(Scientific Style)은 산업화의 산물이며 버릇의 산물이기도 하다. 그렇게 애착을 가지지 않아도 된다. 산업화 이전에 뉴턴은 'New Theory of Light and Colors' (1672)[41]에서 일인칭으로 썼다.

예12 **I** procured a triangular glass prism, to try therewith the celebrated phenomena of colors. And for that purpose, having darkened my laboratory, and made a small hole in my window shade, to let in a convenient quantity of the sun's light, **I** placed my prism at the entrance, that the light might be thereby refracted to the opposite wall. **It** was at first a very pleasing diversion to view the vivid and intense colors produced thereby.

41) 위의 책, p.127.

규칙 5

Exercise 연습 문제

1 주어부가 길고 **행위자**가 없는 예문[42]들이다. 행위자를 찾아 주어로 하라.

ⓐ **Our** lack of data prevented evaluation of **UN** actions in targeting funds to areas most in need of assistance.

ⓑ The outsourcing of high-tech work to Asia by **corporations** means the loss of jobs for **many American workers**.

ⓒ There is opposition among **many voters** to nuclear power plant based on a belief of their threat to human health.

ⓓ **The Federalists'** argument in regard to the destabilization of government by popular democracy was based on their belief in the tendency of **factions** to further their self-interest at the expense of the common good.

대중적인 민주주의에 의한 정부의 불안정에 관한 연방주의자의 논쟁은 당파는 공동선을 희생하여 자신들의 이익을 챙기는 경향이 있다는 믿음에 근거하고 있다.

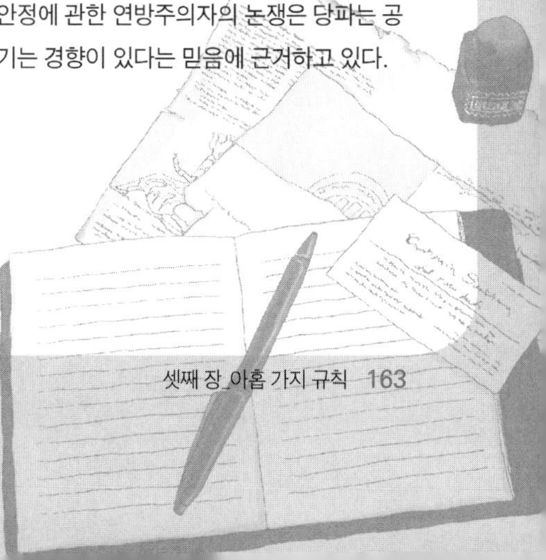

42) 위의 책, pp.82-87, 100.

2 수동태 예문들[43]이다. 능동태로 고치자.

ⓔ These directives are written in a style of maximum simplicity as a result of an attempt at more effective communication with employees with limited reading skills.

ⓕ This paper is written for an investigation into information progressing behavior involved in computer human cognition simulation.

43) 위의 책, pp.137-138.

규칙 5

Suggested Answer 해답

ⓐ Because **we** lacked data, **we** could not evaluate whether **the UN** had targeted funds to areas that **most** needed assistance.

ⓑ **Many American workers** are losing their jobs, because **corporations** are outsourcing their high-tech work to Asia.

ⓒ **Many voters** oppose nuclear power plants because **they** believe that **such plants** threaten human health.

ⓓ **The Federalists** argued that **popular democracy** destabilized government, because **they** believed that **factions** tended to further their self-interest at the expense of the common good.

ⓔ **We** wrote these directives as simply as possible to communicate effectively with employees who do not read well.

ⓕ **This paper** investigates how **computers** progress information in games that simulate human cognition.

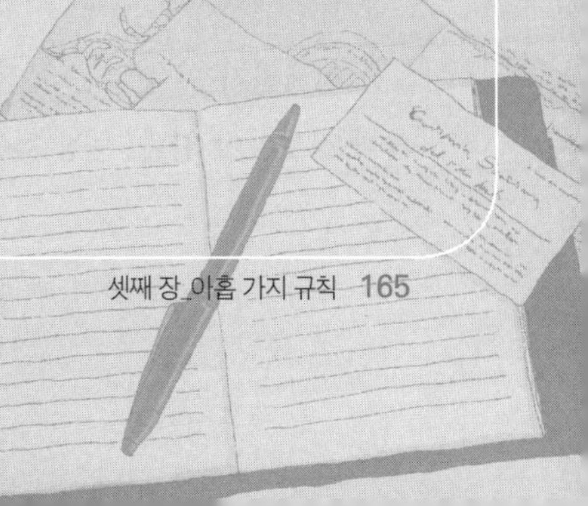

규칙
6
Old-New Information
구정보-신정보로 전개하라

앞에서 문장은 주어+서술어(S+V)로 시작해야 좋은 것이라고 배웠다. 즉 주어부는 짧게, 행위자를 주어로 하고 활기 있는 동사를 빨리 드러내야 읽는 사람이 쉽게 글을 이해한다. 쉬운 글은 이것 말고도 두 가지 조건을 더 갖춘다.

- 문장은 익숙한 구정보(Old Information)로 시작해서 낯설은 신정보(New Information)로 전개한다.
- 글의 흐름을 위해서는 수동태를 쓸 수 있어야 한다.

1 문장은 구정보-신정보로 전개하라

이해하기 쉬운 글은 문장 앞부분인 주어부가 짧고, 간단하고, 익숙한 정보여야 한다. 문장 뒷부분인 서술부는 길고, 복잡하고, 낯설어야 한다. 이것이 거꾸로 되면 난해한 글이 된다. 문장에서 강조되는 내용도 서술부에 오게 된다.

주어부	서술어부
짧고, 간단하고, 익숙한 정보 (short, simple, old information)	길고, 복잡하고, 새로운 정보 (long, complex, new information)
	강조되는 내용 (stress)

도표 3.18 주어부-서술어부 특성

문장은 *익숙한 정보*(청색, 이탤릭체로 표시)로 시작해서 새로운 정보(상자로 표시)로 끝낸다. 즉 *구정보*-신정보(*old*-new information)의 구조를 갖도록 한다. 첫 문장의 신정보는 다음 문장에서 *구정보*가 되어 문장 앞에 나오고 뒤따라 다른 신정보가 나오게 한다. 말잇기 놀이와 같은 것이다.

구정보-신정보 (*바나나*는 길다)

(*긴 것*은 기차)

(*기차*는 빠르다) *구정보*-신정보

예1 The number of dead in the Civil war exceeded *all other wars in American history combined*. A reason for the lingering animosity between North and South today is the memory of *this terrible carnage*.[44)]

44) 위의 책, p.166.

남북전쟁에서 사망자의 숫자는 신정보이고, 미국 역사상 다른 전쟁은 알고 있는 구정보이다. 남북이 서로 끈질기게 적대감을 갖는 이유도 신정보이고, 끔찍한 살상은 구정보이다. '신정보-구정보, 신정보-구정보' 순이다. '구정보-신정보, 구정보-신정보' 순으로 문장을 재배열한다.

▶▶ Of *all the wars in American history*, none has exceeded the Civil War in the number of dead. *The memory of this terrible carnage* is one reason for the lingering animosity between North and South today.

다음의 예[45]도 '신정보-구정보, 신정보-구정보' 순이다. '구정보-신정보, 구정보-신정보' 순으로 문장을 재 배열한다.

예2 Great strides in the early and accurate diagnosis of Alzheimer's disease have been *made in recent years*. … At that point, an apparently healthy person could be devastated by *such an early diagnosis*.

▶▶ *In recent year, researchers* have made great strides in the accurate diagnosis of Alzheimer's disease, but *those diagnoses* have raised a new problem that an apparently healthy person could be devastated.

45) 위의 책, pp.183~185.

다음은 좀 더 복잡한 예문을 보기로 한다. 주어부를 음영으로, 명사화구문(동사를 명사로 표현)을 밑줄로 표시한다.

예3 A sociometric and actuarial analysis of *Social Security revenues and disbursements* for the last six decades to determine changes in projecting deficits is the subject of this study.

이 문장은 문제가 많다. 독자는 문장을 읽기 시작하면서 신정보부터 접한다. 전문용어부터 알아야 한다. 22단어로 이루어진 주어부에서 주어도 찾아야 한다. 내용 파악이 아주 힘든 글이 되었다. 이런 복잡한 문장 구조를 다음과 같이 바꾸면 쉬운영어가 된다.

- 문장 첫머리에 주어(행위자) + 활기 있는 동사로 전개한다.
- *익숙한 정보*를 먼저 제시하고 신정보는 나중에 배치한다.
- *짧고 쉬운 정보*를 앞에 두고, 길고 복잡한 정보는 뒤에 둔다.

▶▶ In this study, **we** analyze *Social Security's revenues and disbursements* for the last six decades, using sociometric and actuarial criteria to determine changes in projecting deficits.

2 흐름을 위해서는 수동태를 쓰라

문장은 능동태로 써야 주체(행위자)가 있고 뜻이 명확하다. 그런데 수동태를 써야 할 경우가 있다. 문장의 흐름을 보다 우선하여 문단이 응집성을 갖도록 할 때이다. 구정보-신정보를 받아 신정보가 다시 구정보가 되어 문장 앞으로 오면서 수동태가 되는 경우이다. 다음의 예[46]에서 두 번째 문장에 채울 문장(괄호 안)을 골라보자. a.능동태가 나은가, 아니면 b.수동태가 나은가. 동사는 밑줄로 구분하였다.

예1 *Some astonishing questions about the nature of the universe* have been raised by scientists studying black holes in space. (……). *So much matter compressed into so little volume* changes the fabric of space around it in puzzling ways.

a. The collapse of a dead star into a point perhaps no larger than a marble creates a black hole.

b. A black hole is created by the collapse of a dead star into a point perhaps no larger than a marble.

b가 낫다. 'black holes'이 구정보-신정보의 흐름을 탄다. 문장의 흐름은 능동태의 정확성을 능가하기에 수동태의 존재 이유가 된다. 따라서 흐름을 위해 능동태를 과감하게 희생할 줄 알아야 한다.

---

46) 위의 책, pp.144-146.

첫 문장도 왜 수동태로 썼는지 궁금할 것이다. 주어부를 Scientists studying black holes in space로 하게 되면 강조할 내용을 일찍 드러내어 김을 빼기 때문이다. 강조할 내용을 뒤에서 드러내기 위해서도 능동태를 희생할 줄 알아야 한다. 다른 예들이다.

예2 There is *another reason* historians of science have concentrated on Darwin rather than Mendel. Hundreds of letters, both personal and scientific, to scores of different recipients, including leading scientific figures, illuminate *Darwin's genius*. Only ten letters to the botanist Karl Nageli, and a handful to his mother, sister, brother-in-law, and nephew, represent *Mendel*.

('*구정보*-신정보, 신정보-*구정보*' 순이다. 이를 개선하면 수동태가 된다.)

▶▶ There is *another reason* historians of science have concentrated on Darwin rather than Mendel. *Darwin's genius* is illuminated by hundreds of letters, both personal and scientific, to scores of different recipients, including leading scientific figures. *Mendel* is represented by only ten letters to the botanist Karl Nageli, and a handful to his mother, sister, brother-in-law, and nephew.

예3 *Populations of co-existing, closely related, but diverging variants of HCV RNA molecules* are termed quasispecies. *Quasispecies* occur in many RNA viruses.

앞의 예 3은 긴 주어부를 가졌고 명사화구문도 두 개이다. 거기다 수동태이어서 규칙 4와 5의 기준으로 보면 나쁜 문장이다. 그렇지만 '*구정보*-신정보. *구정보*-신정보'의 구조를 갖추었기 때문에 좋은 문장이 된다. 글의 흐름이 '*짧고, 간단한*' 주어부의 원칙과 능동태의 원칙에 우선한다.

수동태는 어느 정도 쓰는 것이 좋을까? Wikipedia는 흥미 있는 조사 결과를 소개하고 있다. *The Boston Globe*의 신문기자 Jan Freeman은 신문과 잡지에서 약 13%의 수동태를 사용하고 있음을 통계로 밝혀 내었다. 13%는 하나의 준거로 삼을 만한 숫자이다.

3 문장 끝에 강조부분을 두자

강조하는 내용은 문장 끝에 온다. 다음 두 문장은 어감에 차이가 있다. 강조하는 내용이 다르기 때문이다.

I learned Technical Writings in America.

In America, I learned Technical Writings.

문장을 *구정보*-신정보로 전개하면 강조하는 내용이 필연적으로 문장 뒤에 오게 된다. 다음의 예들[47]을 보자.

47) 김지양(역), 《영어 글쓰기의 기본》(W. Strunk, *The Elements of Style*, 인간희극, 2007), p.72.

예1 *Humanity* has hardly advanced in fortitude since that time, though it has advanced in many other ways.

(인류는 그때 이래로, 인내심은 거의 진보하지 않았지만 다른 많은 점에서는 진보하고 있다.)

▶▶ Since that time, *humanity* has advanced in many ways, but it has hardly advanced in fortitude.

예2 *This steel* is principally used for making razors, because of *its hardness*.

▶▶ Because of *its hardness, this steel* is used principally for making razors.

예3 With these hopes and in this belief I would urge you, *laying aside all hindrance, thrusting away all private aims*, to devote yourself unswervingly and unflinchingly to the vigorous and successful prosecution of this war.

(*모든 장애와 개인적인 목표를 던져버리고*,…… 힘차게 승리에 매진하자.)

이와 같이 문장 끝 부분이 강조 위치이기 때문에 주어를 강조하고 싶으면 도치문을 써서 주어를 뒤에 두기까지 한다.

What I always ask you in your writing is short sentences.

Through the middle of the valley flowed a winding stream.

규칙 6

Exercise 연습 문제

1 여섯 문장의 순서를 임의로 섞었다. 구정보-신정보 배열에 의거하여 문장 순서를 바르게 정해보자.[48)]

ⓐ The birth of stars, however, cannot be followed by an optical telescope, since it takes place in regions of space from which light cannot escape.

ⓑ To study this process, therefore, astronomers have to make use of telescopes operating at other wavelengths.

ⓒ Developments in radio, millimetre-wave and infra-red astronomy have turned the study of star-formation into one of the most exciting areas of astronomy.

ⓓ The majority of stars, including the Earth's sun, are clouds of gas which are maintained at a high temperature by the energy liberated by thermonuclear reactions in their centers.

ⓔ Most of our knowledge of stars and how they evolve comes from the study of the visible light they emit.

ⓕ It is currently thought that most of the matter of the universe is in the form of stars.

48) http://www.lc.unsw.edu.au/thesis/oldnewinfo.htm

2 길고, 복잡하고, 어려운 정보로 시작하는 다음 문장을 읽고 짧고, 간단하고, 익숙한 정보로 시작해보자.

The role of calcium blocker drugs in the control of cardiac irregularity can be seen through an understanding of the role of calcium in the activation of *muscle* cells. The regulatory proteins actin, myosin, tropomyosin, and troponin make up the sarcomere, *the basic unit of muscle contraction*. ATPase, the energy-producing protein myosin, makes up its *thick filament*, while actin, tropomyosin, and troponin make up its *thin filament* triggers muscle contraction.

문장의 시작이 길고, 복잡하고, 낯설다. 문장의 주어부가 평균 8단어로 길다. 그러니 'and'와 '쉼표(,)'가 복잡하게 난무한다. 전문용어가 먼저 튀어나와 낯설다. 주어부를 *짧게, 간단하게, 익숙한 정보(구정보)*로 바꾸면 문장 뒷부분에 길고, 복잡하고, 낯설은 정보(신정보)가 오면서 쉬운 글이 된다.

규칙 6

Suggested Answer 해답

1 ⓕ ⓓ ⓔ ⓐ ⓑ ⓒ

2 When *a muscle* contracts, **it** uses **calcium** . **We** must therefore understand how *calcium* affects muscle cells to understand **how cardiac irregularity is controlled** by drugs called "calcium blockers." *The basic unit muscle contraction* is the **sarcomere**. *It* has two **filaments**, one thin and one thick. *Those filaments* consist of **four proteins that regulate contraction**: actin, myosin, troomyosin, and troponin. **Muscles** contracts when *the protein in the thin filament, actin*, interacts with the protein myosin in the thick filament, **an energy-producing or ATPase protein**.

규칙 7 

Short Sentence

문장은 짧게 쓰라

문장은 되도록 짧아야 한다. 짧게 쓸수록 뜻도 명확해진다. 그래야 읽는 사람이 이해하기 쉽다. 한 문장에는 16~20개 단어가 적당하다. 한 줄 반을 넘기지 말아야 하고, 한 번 숨으로 읽을 수 있어야 한다.

문장을 짧게 쓰려면 기본적으로는 앞에서 배운 방법을 활용하면 된다.

- 주체 또는 행위자를 주어로 하라.
- 행위는 활기 있는 동사로 하라.
- 능동태로 쓰라.
- 목적어를 빨리 드러내라.

이외에도 기교적인 측면에서 몇 가지 더 활용법이 있다. 먼저 단문을 쓰는 것이다. 중문이나 복문은 되도록 자제하는 것이다.

1 단문을 쓰라

한 문장에는 하나의 의미만 담아라(Express only one idea in each sentence). 일문일사(一文一事)의 법칙이다. 복잡한 정보는 복잡한 문장으로 전할 수밖에 없다는 생각을 버려야 한다. 복잡한 정보도 단문으로 표현하면 훨씬 효과적이다. 정보를 잘게 쪼개면 취급하기 편해진다.

이에 반하여, 길고 복잡한 문장은 무슨 내용인지 파악이 어렵다. 여러 의미를 한 문장에 담게 되는 습관을 경계해야 한다. 문장이 길어지는 경우는 다음과 같다.

- 동명사(동사+ing)나 과거분사(pp)로 명사를 수식하는 단문
- 등위접속사('and', 'or', 'but', 'so' 및 'for')가 들어 있는 중문
- 부사절('if-절, 'because-절')을 거느리는 복문
- 종속절('which'나 'that' 같은 관계대명사가 있는 문장)을 거느리는 복문

다음의 예문[49]들은 주절이 나오기 전에 부사절이 매우 길다. 'If-절' 이나 'because-절'은 되도록 짧아야 한다. 주절의 내용을 보완하는 최소한의 정보만을 담아야 한다. 'because-절'이 길어지면 이를 뒤로 보내고 'and'는 콜론(:), 세미콜론(;)을 활용하여 두 문장으로 분리한다.

49) http://www.io.com/~hcexres/style/introductions_interruptions.html

예1 Because scientists have discovered that many stars are accompanied by planets and because they have detected organic material in the circumstellar disks from which planets are created , they believe that there are many more potential sites for life than previously thought.

▶▶ Scientists believe that there are many more potential sites for life than previously thought by two developments: first is the discovery that many stars are accompanied by planets; second is the detection of organic material in the circumstellar disks from which planets are created.

다음 예문은 관계대명사 'that'이 문장 중간에 들어가 길어진 복문이다. 중간에 끼어든 부분을 떼어내 독립 문장으로 전개한다.

예2 The suggestion in August 1996 by NASA (National Aeronautical and Space Administration) scientists that life could independently appear on two planets within the same stellar system generated considerable speculation regarding the possibility of extraterrestrial intelligence.

▶▶ In August 1996, NASA (National Aeronautical and Space Administration) scientists suggested that life could independently appear on two planets within the same stellar system. This suggestion generated considerable speculation regarding the possibility of extraterrestrial intelligence.

다음 예문은 콤마(,)가 다섯 개 들어 있다. 한 문장이 무려 50단어이다. 세 문장으로 나눈다. 전환신호 'although'나 'despite'를 문장 시작 신호로 삼으면 효과적이다.

예3 Literally, sustainable development refers to maintaining development over time, although by the early 1990s, more than 70 definitions of sustainable development were in circulation, definitions that are important, despite their number, because they are the basis on which the means for achieving sustainable development in the future can be built.

▶▶ Literally, sustainable development refers to maintaining development over time. However, by the early 1990s, more than 70 definitions of sustainable development were in circulation. Despite their number, these definitions are important because they are the basis on which the means for achieving sustainable development in the future can be built.

미국이 제시하는 '정부 문서 작성지침'에서 제시하는 예[50]이다. 한 문장을 네 문장으로 나누었다. 쉽게 풀어 썼다.

Each extension will be for 30 days.

you have to file

We *extend* *the*

예4 ~~For good reasons~~, ~~the Secretary~~ may ~~grant extensions of~~ time *(piriod)* ~~in 30-day increments~~ ~~for filing of~~ the lease and all required bonds, ~~provided that additional extension requests are submitted~~ and ~~approved before the expiration of the original 30 days or the previously granted extension.~~

To get an extension, you must write to us explaining why you need more time.

We must receive your extension request in time to approve it before your current deadiline or extension expires.

▶▶ We may extend the time you have to file the lease and required bonds. Each extension will be for 30 days. To get an extension, you must write to us explaining why you need more time. We must receive your extension request in time to approve it before your current deadline or extension expires.

---

50) http://www.plainlanguage.gov/howto/guidelines/bigdoc/writeShortSent.cfm

2 단문만 쓰면 토막 글이 된다

그렇다고 모든 문장을 짧게 쓰라는 것은 아니다. 한 문장 16~20 단어는 평균이 그렇다는 뜻이다. 짧은 문장만 연속으로 전개하면 토막(Choppy) 글이 된다. 생각이 딱! 딱! 끊어진다. 이런 글은 사건이 긴박하게 전개되는 추리소설에 어울리는 하드보일드(Hard boiled)체이다. 기술적인 문체는 쉬운 정보 전달이 중요하지만 정보가 부드럽게 전개되는 흐름도 고려하여야 한다. 단문과 장문이 조화를 이루는 글이 되어야 흐름이 좋은 글이다.

그렇다면 언제 짧게 쓰고 언제 길게 쓸까? 문단의 경우에는 소주제문(S_1)이 가장 짧다. 한 줄을 넘기지 말아야 한다. 근거를 대는 1차 뒷받침인 이유(S_2)나 방법(S_2)은 한 줄 반 정도가 좋다. 그러나 증명을 보여주는 사실(S_3), 자료(S_3), 의견(S_3) 및 예(S_3)는 길어도 좋다. 정보는 밑으로 내려올수록 길어져도 된다. 사실과 자료는 상세할수록, 예는 풍성할수록 좋은 것이다.

토막 글을 길게 만드는 방법은 앞에서 언급한 장문을 단문으로 바꾸는 방법을 반대로 하면 된다. 첫 번째와 두 번째 예[51)]는 관계대명사(which)를 활용하여 복문을 만들어본다.

---

51) http://www.io.com/~hcexres/style/choppy.html

예1 The gas pressure is exerted on the fluid. This reduces the creation of air bubbles. It also reduces the creation of foaming.

▶▶ The gas pressure is exerted on the fluid which reduces the creation of air bubbles and foaming.

예2 Most automotive vehicles use gas-filled shock absorbers. In this type, the air space above the fluid is filled with a pressurized gas. The air space might be filled with nitrogen, for example.

▶▶ Most automotive vehicles use gas-filled shock absorbers in which the air space above the fluid is filled with a pressurized gas, for example, nitrogen.

세 번째와 네 번째 예[52]는 복문(as-절), 복문(관계대명사 which), 동명사(forcing)와 과거분사(known)가 동원된다.

예3 The shock absorber contains a piston. This moves in a cylinder as the wheel moves up and down with respect to the vehicle body or frame. As the piston moves, it forces a fluid through an orifice. This imposes a restraint on the spring.

▶▶ The shock absorber contains a piston that moves in a cylinder as the wheel moves up and down with respect to the vehicle body or

52) http://www.io.com/~hcexres/style/choppy.html

frame, forcing a fluid through an orifice, which imposes a restraint on the spring.

예4 The telescoping hydraulic damper is commonly known as a shock absorber. It is mounted separately at each wheel. It can be mounted or in the strut of each wheel. It restrains spring movement. It also prevents prolonged spring oscillations.

▶▶ A telescoping hydraulic damper, known as a shock absorber, is mounted separately or in the strut at each wheel to restrain spring movement and prevent prolonged spring oscillations.

3 간결하게 쓰자

문장이 짧을수록 뜻이 명확(Clear)하여 읽는 사람이 쉽게 이해한다. 그런데 대부분의 과학기술자가 길고 전문용어가 많을수록 잘된 보고서로 생각한다. 아니다. 심오한 생각도 간단하게 표현할 수 있다.

표현은 최대한 간결(Concise)하게 하자. 필수정보(즉: 무엇을, 왜, 어떻게, 따라서)는 '주어-동사-목적어'의 단문으로 표현하자(필수정보를 보완하는 내용은 길게 써, 흐름을 부드럽게 하는 것이 좋다). 간결을 간명(Brevity)과 혼돈하면 안 된다. 간결은 전체 내용을 필수정보로 줄이는 것인 데 반하여 간명은 대표적인 특성을 짧게 표현하는 것이다. '인생은 나그네 길'이 좋은 예이다.

앞 사람이 써 놓은 글을 그대로 따라가지 말자. 폼 나게 쓴 글이 많다. 읽는 사람에게 감동을 주는 인상적인 글을 쓸 필요도 없다. 효과적으로 의사소통을 하는 글이면 된다. 대화 하듯이 쓰라. 약도 그리듯이 쓰라. 다음이 좋은 예[53]이다.

공식 문서체 형식	대화체 형식
The data provided by direct examination of samples under the lens of the microscope are insufficient for the purpose of making a proper identification of the components of the substance.	We can't tell what it is made of by looking at it under the microscope.
We have found during conversations with customers that even the most experienced extruder specialists have a tendency to avoid the extrusion of silicone profiles or hoses.	Our customers tell us that experienced extruder specialists avoid extruding of silicone profiles or hoses.
The corporation terminated the employment of Mr. Joseph Smith.	Joe was fired.

도표 3.19 **대화하듯 쓰는 글쓰기**

과학자 · 기술자 · 직장인들은 길고 전문용어가 많은 것을 간단하

53) R.W. Bly, *op. cit.*

고 짧은 글보다 더 낫다고 생각한다. 이것이 문제다. 심오한 사상이나 개념도 간략하게 표현할 수 있다. 뉴턴의 제1운동법칙(관성의 법칙)은 29개 단어이고 아인슈타인의 $E=mc^2$은 5글자이다. 복잡하고 헷갈리게 하는 것은 대부분 사기이다.《*The Elements of Style*》에서 Strunk 교수가 강조하는 내용이다.

Vigorous writing is concise. A sentence should contain no unnecessary words, a paragraph no unnecessary sentences for the same reason that a drawing should have no unnecessary lines and a machine no unnecessary parts. This requires not that the writer make all his sentences short, or that he avoid all detail and treat his subjects only in outline but that every word tell.

힘찬 글은 간결하다. 문장에는 불필요한 단어가 들어가서는 안 되며, 문단에는 불필요한 문장이 들어가서는 안 된다. 그림에는 불필요한 선이, 기계에는 불필요한 부품이 들어가서는 안 되는 이유와 같다. 그렇다고 모든 문장을 짧게 하거나, 상세한 내용을 피하며 주제를 요약하여 간단히 표현하라는 것은 아니다. 하나하나의 말이 중요한 의미를 가지라는 것이다.

If you can't explain something simply, you don't understand it well. Most of the fundamental ideas of science are essentially simple, and may, as a rule, be expressed in a language comprehensible to everyone. Everything should be as simple as it can be, yet no simpler.

- Albert Einstein

단순하게 설명할 수 없다면 자신이 잘 이해하지 못한 것이다. 과학의 기본적인 개념은 대부분 단순하여 누구나도 이해할 수 있게 표현할 수 있다. 모든 것이 최대한 단순해야 한다. 더 이상 단순할 수 없을 때까지.

4 문장 난이도 검사 프로그램을 활용하라

MS Word 2007에는 문장 난이도(Readability)를 검사하는 도구가 있다. 이를 활용하면 짧은 문장을 쓰는 데 매우 유용하다.

- '검토' → '언어설정'('영어' ☑ → '자동으로 언어 검색' ☑)
- 검사할 영어 문장 '복사' → 새 페이지에 '붙여넣기'
- '맞춤법 및 문법검사' → '옵션' → '문장 난이도 표시 ☑'
- 새 페이지에서 '맞춤법 및 문법 검사' 실시 → 마지막까지 완료
- 문장 난이도 자료 획득

앞의 두 문단(Strunk 및 Einstein)에 대해 문장 난이도 검사를 해 보기로 한다. 영문 부분만을 복사하여 새 페이지에 붙여 넣고 '맞춤법 및 문법 검사'를 하면 다음과 같이 결과가 나온다.

문장 난이도

통계	• 단어	109
	• 문자	536
	• 단락	2
	• 문장	6
평균	• 단락당 문장 수	3
	• 문장당 단어 수	18.5
	• 단어당 문자 수	4.7
문장 난이도	• 수동태 문장	16%
	• 문장 난이도 단계(Flesch식 분류)	53.3
	• 문장 난이도 단계(Flesch-Kincaid식 분류)	10.3

문장 난이도가 다소 높은 편이다. 문장 난이도 단계(Flesch식 분류)가 100점 만점에 53.3(표준 점수가 60~70 사이)이고, 문장 난이도 단계(Flesch-Kincaid식 분류)가 10.3학년(미국 고1 수준, 목표 점수는 중1 · 2 수준인 약 7.0~8.0 사이)이다.

난이도가 높은 이유가 문장이 길어서 그렇다. 문장당 단어수가 18.5개이다. 수동태는 16%로 준거로 삼은 13%에 근접하여 영향을 적게 미쳤다.

다음 표는 Microsoft가 제공하는 'Flesch식 분류 테스트'에 대한 설명이다.

문장 난이도 단계(Flesch식 분류) 테스트

이 테스트는 100점을 기준으로 하며 점수가 높을수록 문서를 쉽게 이해할 수 있습니다. 표준 점수는 60에서 70 사이입니다.
문장 난이도 단계(Flesch식 분류) 점수 공식은 다음과 같습니다.

- 206.835 – (1.015 x ASL) – (84.6 x ASW)
- ASL = 평균 문장 길이(단어 수/문장 수)
- ASW = 단어당 평균 음절 수(음절 수/단어 수)

문장 난이도 단계(Flesch-Kincaid식 분류) 테스트

이 테스트는 미국 학교의 학년 등급을 기준으로 합니다. 예를 들어 8.0은 8학년 수준의 문서를 의미합니다. 대부분의 문서에서 목표 점수는 약 7.0에서 8.0 사이입니다.
문장 난이도 단계(Flesch-Kincaid식 분류) 점수 공식은 다음과 같습니다.

- (.39 x ASL) + (11.8 x ASW) – 15.59
- ASL = 평균 문장 길이(단어 수/문장 수)
- ASW = 단어당 평균 음절 수(음절 수/단어 수)

규칙 7

Exercise 연습 문제

1 쓸데없이 긴 문장이다. 간결하게 고쳐보자.

① It is of considerable importance to ensure that under no circumstance should anyone fail to deactivate overhead luminescent function at its local activation point on their departure to their place of residence, most notably immediately preceding two day period at the termination of the standard working week.[54]

② "Students who have prescriptions may choose to have their prescriptions filled here at Student Health or may choose to take them to a community pharmacy." → sign at the pharmacy at Elson Student Health Clinic.[55]

2 토막 글[56]이다. 128단어가 14문장이다. 한 문장이 평균 9단어이다. 5문장으로 고쳐보자.

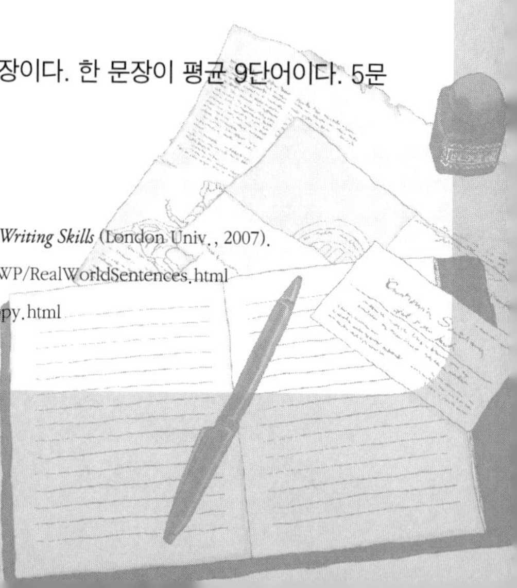

54) Norman Fenton, *Improving Your Technical Writing Skills* (London Univ., 2007).

55) http://faculty.virginia.edu/schoolhouse/WP/RealWorldSentences.html

56) http://www.io.com/~hcexres/style/choppy.html

A shock absorber is basically an oil pump. It is placed between the frame of the car and the wheels. The upper mount of the shock connects to the frame. This area is known as the sprung weight. The lower mount connects to the axle. It connects near the wheel. This area is known as the unsprung weight. The twin-tube design is one of the most common types of shock absorbers. Its the upper mount is connected to a piston rod. This, in turn, is connected to a piston. This, in turn, sits in a tube. This tube is filled with hydraulic fluid. The inner tube is known as the pressure tube. The outer tube is known as the reserve tube. The reserve tube stores excess hydraulic fluid.

a. 문장 난이도를 검사하자.
b. 토막 글을 개선한 후에 문장 난이도가 얼마나 나빠졌는지를 확인하라.

3 스티븐 호킹의 글을 매우 긴 문장들[57]로 바꾼 것이다. 첫 번째 문장은 복문(which와 that)으로 이루어져 있다. 두 번째 문장은 복문(which), 중문(and)과 복문(because-부사절)이 들어가 있다. 각각 네 문장으로 나누어보자.

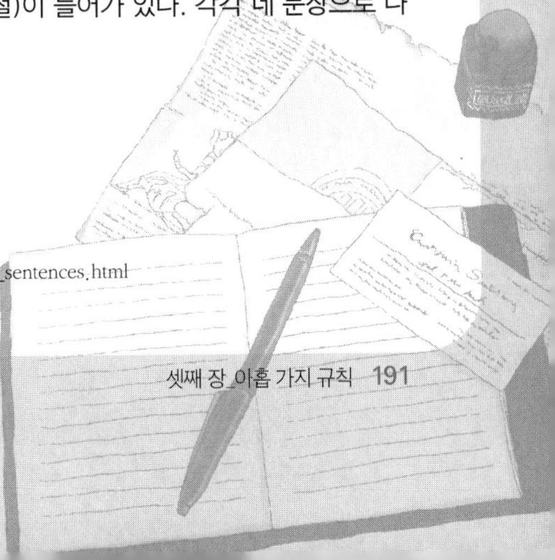

57) http://www.io.com/~hcexres/style/long_sentences.html

① The explanation that is usually given as to why we don't see broken cups jumping back onto the table is that it is forbidden by the second law of thermodynamics, which states that disorder or entropy always increases with time, such that an intact cup on the table is a state of high order, but a broken cup on the floor is a disordered state, a fact that indicates that one can therefore go from the whole cup on the table in the past to the broken cup on the floor in the future, but not the other way around.

a. 문장 난이도를 검사하자.

b. 네 문장으로 나눈 후에 문장 난이도가 얼마나 개선되는지를 확인하라.

② The quantum theory of gravity opens up a new possibility in which there would be no boundary to space-time and, thus, no need to specify the behavior at the boundary because there would be no singularities at which the laws of science broke down and because there would be no edge of space-time at which one would have to appeal to God or create some new law to set the boundary conditions for space-time.

a. 문장 난이도를 검사하자.

b. 네 문장으로 나눈 후에 문장난이도가 얼마나 개선되는지를 확인하라.

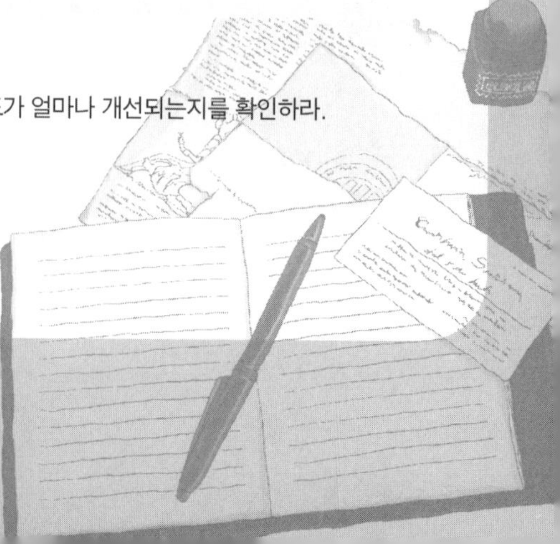

규칙 7

Suggested Answer 해답

1 ① Always turn the lights out when you go home, specially on a Friday.

② "Students may fill prescriptions here or at a community pharmacy."

2 A shock absorber is basically an oil pump placed between the frame of the car and the wheels. The upper mount of the shock connects to the frame (i.e., the sprung weight), while the lower mount connects to the axle, near the wheel (i.e., the unsprung weight). In a twin-tube design, one of the most common types of shock absorbers, the upper mount is connected to a piston rod, which in turn is connected to a piston, which in turn sits in a tube filled with hydraulic fluid. The inner tube is known as the pressure tube, and the outer tube is known as the reserve tube. The reserve tube stores excess hydraulic fluid.

a. 문장난이도가 수동태 46%, Flesch식 분류가 100점 만점에 89.1이고, Flesch-Kincaid식 분류가 2.9학년이다. 문장이 짧아지면 난이도가 크게 낮아진다.

b. 문장의 흐름을 우선하여 지나친 토막 글을 개선한 후에 문장난이도는 수동태 20%, Flesch식 분류가 100점 만점에 72.3이고, Flesch-Kincaid식 분류가 8.8학년이다. 문장이 길어져도 난이도가 크게 나빠지지 않는 것을 확인할 수 있다.

3 ① The explanation that is usually given as to why we don't see broken cups jumping back onto the table is that it is forbidden by

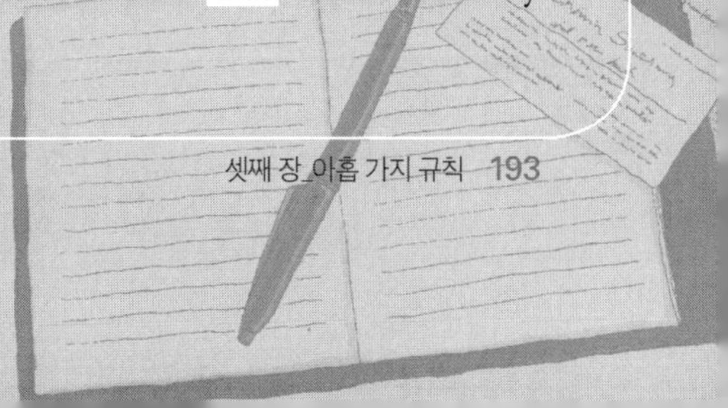

the second law of thermodynamics. This [law] says that disorder or entropy always increases with time. An intact cup on the table is a state of high order, but a broken cup on the floor is a disordered state. One can therefore go from the whole cup on the table in the past to the broken cup on the floor in the future, but not the other way around. – S.W. Hawking, *The Theory of Everything*

a. 문장난이도가 수동태 0%, Flesch식 분류가 100점 만점에 0이고, Flesch-Kincaid식 분류가 39.8학년이다. 문장이 길어지면 난이도가 높아지는 것을 확인할 수 있다.

b. 네 문장으로 나눈 후에 문장난이도는 수동태 25%, Flesch식 분류가 100점 만점에 65이고, Flesch-Kincaid식 분류가 10학년이다. 문장이 짧아지면 수동태가 있어도 난이도가 낮아지는 것을 확인할 수 있다.

② The quantum theory of gravity has opened up a new possibility. With this theory, there would be no need for a boundary to space-time. Thus, there would be no need to specify the behavior at the boundary. In other words, the quantum theory of gravity eliminates the need for singularities at which point the laws of science break down and the need for an edge of space-time at which one would have to appeal to God or create some new law to set the boundary conditions for space-time. – S.W. Hawking, *The Theory of Everything*

a. 문장난이도가 수동태 0%, Flesch식 분류가 100점 만점에 5.9이고, Flesch-Kincaid식 분류가 30.8학년이다. 문장이 길어지면 난이도가 높아지는 것을 확인할 수 있다.

b. 네 문장으로 나눈 후에 문장난이도는 수동태 0%, Flesch식 분류가 100점 만점에 56.6이고, Flesch-Kincaid식 분류가 10.8학년이다. 문장이 짧아지면 난이도가 낮아지는 것을 확인할 수 있다.

규칙 8

Correct & Specific
단어는 정확하고 구체적으로 쓰라

기술자가 쓰는 글은 정확(Correct)이 생명이다. 정확하지 않은 사실이나 자료, 예는 증명에서 치명적인 결함을 가진다. 그래서 정확은 현대 영어쓰기의 원칙인 3C(Clear · Correct · Concise) 가운데 하나이다. 정확하게 글을 쓰려면 내용이 구체적(Specific)이어야 한다.

1 구체적인 정보를 제공하라

구체적인 정보를 제공하지 않는 대표적인 유형이 애매함(Hedging)이다. 애매함은 주장에 조건이나 자격, 또는 예외를 끼워 넣는 행위(establishing conditions, qualifications, or exceptions to an assertion)이다. 강조하는 행위(Intensifier)도 구체적인 정보를 제공하지 않는다. 이들은 여러 가지 형태로 나타난다.

- 동사 appear, can, could, certain, may, might, seem, suggest, tend
- 형용사 a certain number of, basic, crucial, fundamental, major, many, most, part of, some
- 부사 almost, certainly, clearly, obviously, often, perhaps, possibly, pretty, quite, usually, to some extent, very

다음의 두 예[58]는 애매함을 잘 보여주고 있다.

예1 Our research seems to suggest that there may be a causal connection between a certain level of exposure to high-power lines and some instances of leukemia.

▶▶ Our research indicates that exposure to high-power lines may be related to leukemia.

예2 In the opinion of certain groups of parents, a return to something like "the basics" might improve students' general education to some degree.

58) http://www.io.com/~hcexres/style/meta_hedge.html

▶▶ Some parents believe that a return to "the basics" would improve students' education.

애매함도 유용성을 가지고 있는 점을 간과하지 말자. 세상 모든 것이 정확하고 구체적일 수는 없다. 애매함이 담긴 신중하고 겸손한 주장을 독자는 사려 깊은 판단으로 간주한다. 다음 예문[59]에서 애매한 부분이 (명확한 표현)보다 더 바람직한 것임을 확인하자.

예3 For about a century, many (all) liberals have argued (any) censorship of art, and most (every) courts have found their arguments (so completely) persuasive enough that few people may (any longer) remember exactly how they were countered. As a result, today, censorship is virtually (totally) a thing of the past.

애매함이 일정 부분 유용성을 가지고 있는 데 반해 일반적 서술(General Description)은 백해무익하다. 'tall'이나 'large'는 다음 도표[60]와 같이 구체적 수치(Specific Data)를 제시하여야 한다.

59) 김영희 · 류광현(역), 앞의 책, p.217.

60) R.W. Bly, *op. cit.*

일반적 표현	구체적 표현
a tall spray dryer	a 40-foot-tall spray dryer
plant oil refinery unit	evaporator
unfavorable weather conditions	rain
structural degradation	a leaky roof
high performance	95% efficiency

도표 3.20 일반적 표현→구체적 표현

2 긍정문을 쓰자

우리는 생각하거나 말을 할 때 긍정적으로 하는 데 익숙하다. '수업하러 9시까지 학교에 간다'라고 생각하지 '9시까지 학교에 가지 않으면 수업이 되지 않는다'라고 생각하지 않는다. 따라서 글을 쓸 때도 긍정문으로 써야 읽는 사람이 쉽게 이해한다. 부정문은 우리 머리가 한 번 더 생각을 해야 하기에 이해하는 데 장애물이 설치된 꼴이다. 그래서 부정문은 정보전달에 취약하다. 강력한 금지 사항이 아닌 경우에는 긍정문을 써야 한다.

그런 의미로 보았을 때 이중부정문은 매우 나쁘다. 이해하는 데 장애물이 두 개 연달아 있는 것과 같다. 부정에 부정은 긍정이다. 긍정문으로 고치면 한 단어로 정확하게 표현할 수 있다. 다음의 표는 부정을 긍정으로 고치는 표이다. 특히 이중부정은 **굵게** 표시하였다.

부정 복합문	단일 단어	부정 복합문	단일 단어
not able	unable	does not have	lacks
not accept	reject	does not include	excludes, omits
not certain	uncertain	no fewer than	at least
not many	few	not ... unless	only if
not often	rarely	not ... except	only if
not the same	different	not ... until	only when
not unlike	similar, alike		

도표 3.21 **부정적 표현 → 긍정적 표현**

부정문을 간결하게 긍정으로 고친 예[61]이다. 특히 마지막 예제는 예외의 예외를 긍정문으로 고쳤다.

예1 Because the fixed stars did not appear to change their relative positions as the Earth went around the sun, it was not unnatural for Newton to suppose that the fixed stars were objects like our sun but much farther away.

▶▶ Because the fixed stars maintained their relative positions as the Earth went around the sun, Newton theorized that the fixed stars were objects like our sun but much farther away.

예2 No approval of any noise compatibility program, or any portion of a program, may be implied in the absence of the agency's express approval.

61) http://www.io.com/~hcexres/style/negatives.html

▶▶ You must get the agency's express approval for any noise compatibility program or any portion of a program.

예3 An application for a grant does not become void unless the applicant's failure to provide requested information is unreasonable under the circumstances.[62)]

▶▶ An application for a grant remains active if the applicant provides the information we request within a reasonable time.

3 허사를 적게 쓰라

허사(Expletive)는 문장을 가다듬기 위해 별로 뜻도 없는 단어를 붙이는 행위이다. 대표적인 것이 'It is'와 'There is'이다. 'It is…that'은 강조법에서 활용되지만 반드시 써야 할 경우는 매우 적다. 대부분 쓸데없는 내용이 많이 들어가기 때문에 주의해서 사용해야 한다.

- It is … a/the fact(case, irony, question, rumor) that…
- It is well known that…
- It is the purpose of this writer to show that…

62) http://www.plainlanguage.gov/howto/guidelines/bigdoc/writeNo2Negs.cfm

다음 예[63]는 기술 문서에서 흔히 보이는 장황한 어구와 이를 고친 것이다.

예1 It is apparently the case that Zenon's argument shows that space cannot consist of an infinite series of points.
▶▶ Zenon's argument seems to show that space cannot consist of an infinite series of points.

예2 I recommend that you might take a look at the computer and see whether there needs to be a recall of this particular model.
▶▶ I recommend that you take a look at the computer and see whether this particular model should be recalled.

예3 Acid rain usually forms high in the clouds where there are sulfur dioxide and nitrogen oxides that can react with water, oxygen, and oxidants.
▶▶ Acid rain usually forms high in the clouds where sulfur dioxide and nitrogen oxides react with water, oxygen, and oxidants.

'It is … that'이나 'There is …' 못지않게 논의할 주제를 언급(telling readers what your topic is and indicating what you are about to discuss)하는 것도 허

63) http://www.io.com/~hcexres/style/pompous_words.html

사이다. 이런 언급을 '**Metadiscourse**'라 하는데 이 용어는 Joseph M. Williams가 《*Style*》에서 처음으로 사용하기 시작했지만 지금은 많이 알려져 있다. 도입 부분(Introduction)이나 각 장(Section)의 시작 부분에는 이것이 적격이다(예 4가 좋은 예). 그러나 다른 장소에서 사용하게 되면 독이 된다(예 5~7[64]).

예4 The following is a summary of some of the design and testing that he and his students are doing, plus my assessment.

예5 In the following, we discuss the problems arising from the deregulation of banking in the first decade of the twenty-first century.

▶▶ Problems arose from the deregulation of banking in the first decade of the twenty-first century.

예6 In this study, we look into the effect of violent video games on the behavior of young people who play those games.

▶▶ Violent video games have an effect on the behavior of young people who play those games.

예7 In my research, I analyze the mistaken assumption that the traditional study of grammar improves student writing.

▶▶ The traditional study of grammar does not improve student writing.

64) http://www.io.com/~hcexres/style/meta_hedge.html

4 중복 · 장황 · 거창한 단어를 쓰지 말자

'새로운 첨단기술'은 의미가 중복된다. 영어에도 이런 표현이 많다. 여러 단어로 이루어진 구(Phrase)도 한 단어로 표현할 수 있다.

중복 단어	간소화	중복 단어	간소화
actual experience	experience	narrow margin	margin
advance plan	plan	time schedule	schedule
alternative choice	choices	totally unique	unique
cylindrical in shape	cylindrical	continue on	continue
two cubic feet in volume	two cubic feet	repeat again	repeat
		tentatively suggest	suggest

도표 3.22 중복 단어 → 간소화

장황한 구	간편 대체	장황한 구	간편 대체
a considerable amount of	much	in many cases	often
a great number of times	often	In my personal opinion	I believe
a majority of	most	in order to	to
at a rapid rate at	rapidly	in the form of	as
at that point in time	then	in the event of	that is
despite the fact that	although	in view of the fact that	because
due to the fact that	because	It is generally believed	think
during the course of	during	It is often the case that	often
exhibits the ability to	can	prior to	before
in close proximity to	near	subsequent to	after
in light of	if	with reference to the fact	concerning

도표 3.23 장황한 구 → 간편 대체

거창한 단어	간편 단어	거창한 단어	간편 단어
commence	start	modify	change
disclose	reveal	optimum	best
disseminate	spread	procure	acquire
facilitate	ease	promulgate	enact
finalize	finish	pursuant to	according to
impediment	obstacle	substantiate	prove
implement	use	terminate	end
incombustible	fireproof	utilize	use
initialize	start	validate	check

도표 3.24 거창한 단어 → 간편 단어

다음의 예[65]는 중복되는 단어를 간편 단어로 바꾼 것이다.

예1 At this point in time, our time schedules do not allow or permit further or additional work tasks.

▶▶ Our schedules are full!

예2 It is important for persons to read the notes, advice and information detailed opposite and then complete all sections of the form prior to its immediate return to the agency via the envelope provided.

▶▶ Please read the instructions, fill out the form completely, and then send it back as soon as possible in the envelope provided.

65) http://www.io.com/~hcexres/style/wordiness_redundancy.html

5 명칭은 일관되게 쓰라

우리는 학교 다닐 때에 단어는 다양하게 표현해야 좋은 글이고 살아 있는 글이라고 배웠다. 그래서 같은 단어는 되도록 반복하지 않으려고 노력한다. 그런데 이런 규칙은 문학적인 글에서는 맞지만 실용적인 글에서는 다르다. 기본적으로 단어는 통일해서 쓰는 것이 좋다.

특히 명사는 동일한 개념에는 하나의 명칭만을 일관성 있게 써야 한다. 'senior citizens'을 'the elderly'나 'the aged'로 다르게 표현하면 독자에게 혼란을 준다. 동사도 다양성을 최소화할수록 좋다. 정확한 의미를 위해 정확한 단어를 적용하는 원칙을 벗어나 표현의 다양성을 추구해서는 안 된다. 'tell', 'say'로 표현해도 좋을 것을 굳이 'speak' 'utter' 'express' 'state' 'disclose'까지 동의어 사전을 동원하지 않아도 된다.

동사도 통일해서 하나로 쓰면 쉬운영어가 된다. '통제언어'에서는 'help'만 허용하고 'assist'는 쓰면 안 된다. 쉬운영어(통제언어)는 기본적으로 쉬운 영어를 쓰도록 한다. 거창한 단어는 쉬운영어의 적이다.

다음의 예[66]는 명칭을 혼란하게 써 이해하기가 매우 어려운 글이다. 동일한 개념이 여러 가지 다른 명칭으로 표현되고 있다. 고친 문장을 보면 명칭 the project, the plan과 the system을 일관되게 사용하고 있다.

66) Norman Fenton, *Ibid.*

예1 In the first three weeks of the project we wrote a project plan for the system. We were ambitious in our requirements because we wanted the group project to be a success and we wanted the software to be of high quality. In fact we were determined that our software would win the prize. By the end of term we realized there were major problems with the project. The first increment of the project we delivered was inconsistent with the requirements specification and it was clear the final code would not be the best system as there were clearly better groups than ours.

▶▶ In the first three weeks of the project we wrote a plan for the system. Our plan was ambitious because we wanted the project to be a success and we wanted the system to be high quality. In fact we were determined that our project would win the prize. By the end of term we realized there were major problems with the project. The first increment of the system we delivered was inconsistent with the plan and it was clear the final system would not be the best system as there were clearly better systems than ours.

규칙 8

Exercise 연습 문제

1 이중부정을 긍정으로 간결하게 고쳐라.[67)]

Applicants may be granted a permit to prospect for geothermal resources on any federal lands except lands in the National Park System, unless the applicant holds valid existing rights to the geothermal resources on the National Park System lands listed in the application.

2 애매함이 있는 부분을 구체적으로 정확하게 고치자.[68)]

A certain number of parents and other groups have a tendency to argue that violent electronic games may be promoting a greater tendency toward violent behavior in some young people.

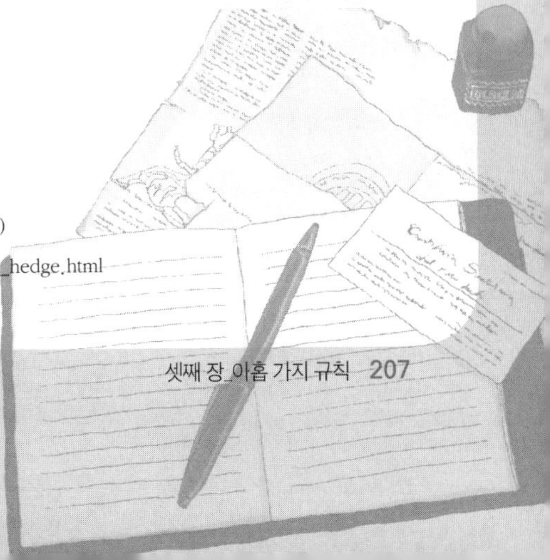

67) Federal Plain Language Guidelines (2010)

68) http://www.io.com/~hcexres/style/meta_hedge.html

3 'Metadiscourse'를 직접적인 표현으로 고쳐라.[69]

ⓐ The relationship between reading habits and writing ability will be explored in the following.

ⓑ My intention here is to address the reasons for the failure of the "war on drugs" in the last two decades of the twentieth century.

ⓒ The following explores the role of self-replicating systems in life on Earth.

4 'It is(There is) … the fact that …' 구문을 간결하게 고쳐라.[70]

ⓐ There are "acidic" and "basic" extremes that describe chemicals, just like there are hot and cold extremes that describe temperature.

ⓑ There are many local water treatment operators who are trying to discourage the discharge of used antifreeze to publicly owned treatment works because it is the recycling of used antifreeze that is becoming more widespread.

---

69) http://www.io.com/~hcexres/style/meta_hedge.html

70) http://www.io.com/~hcexres/style/expletives.html

규칙 8

Suggested Answer 해답

1 You may be granted a permit to prospect for geothermal resources on any federal lands. This includes lands in the National Park System only if you hold valid existing rights to the park lands listed in your application.

2 Some parents argue that violent electronic games promote violent behavior in young people.

3 ⓐ Reading habits and writing ability are related [in some way].

ⓑ The "war on drugs" in the last two decades of the twentieth century failed.

ⓒ Self-replicating systems are the basis of life on Earth.

4 ⓐ Acidic and basic are two extremes that describe chemicals, just like hot and cold are two extremes that describe temperature.

ⓑ Many local water treatment operators are trying to discourage the discharge of used antifreeze to publicly owned treatment works because recycling used antifreeze is becoming more wide spread.

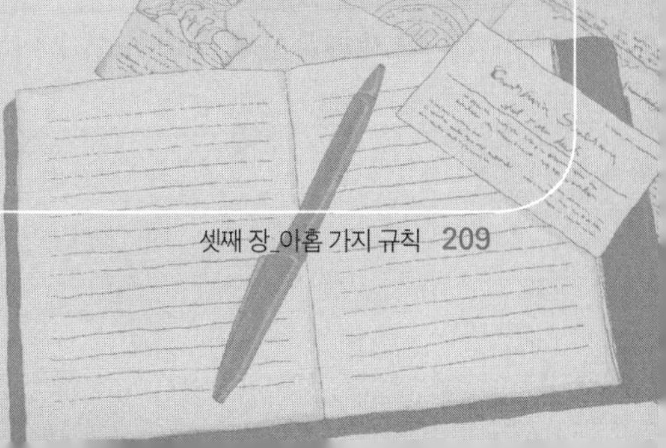

규칙 9 Visualization

시각화하라

독자는 문서의 내용을 전체적으로 한번에 알아 볼 수 있어야 하고, 개별 내용도 쉽고 정확하게 이해하여야 한다. 우리 머리는 정보를 입체화하여 이해하기 때문에 문자보다는 그림적인 요소가 더 큰 역할을 한다. 그러므로 우리가 문서에 정보를 배치(Layout)할 때는 디자인(Design)적인 요소, 글꼴(Typograpy)의 선택, 시각적(Visual)인 요소, 기호(Punctuation)를 최대한 활용하여야 한다.

1 문서를 디자인하라

문자(Text)로 가득 찬 문서는 독자에게 금방 외면당한다. 이해하기가 어렵기 때문이다. 독자가 쉽게 이해하도록 문서에 디자인적인 요소를 도표 3.25과 같이 반영하여야 한다.

디자인 요소	효과
• 제목(Heading)	• 전체적인 정보 제공
• 소제목(Subheading)	• 전체 정보의 분할
• 리스트(List)	• 정보의 배열(일명 Bullet)
• 타이포그래피(Typograpy)	• 서체 및 크기 • 강조(대문자, **볼드**, *이탤릭체*)
• 여백(White)	• 정보의 구분 및 독해성 향상(문단 구분)
• 페이지 상단 및 하단 (Header & Footer)	• 소제목의 구분

도표 3.25 문서의 디자인과 효과

제목에 필수정보의 50%가 담긴다. 그만큼 제목이 중요하기 때문에 디자인 요소도 많이 고려한다. 제목은 글자 크기를 키워 중앙에 배치하고 **굵게** 표시한다. 대문자를 포함(Capitalization)시키는데 그 방법은 다음과 같다. 전부 대문자로 하거나 전부 소문자로 하는 경우는 드물고 첫 문자에만 대문자를 넣는다. 어떤 단어에 대문자를 넣고 어떤 단어에 넣지 않는가 하는 Style 문제는 분야와 조직에 따라 다르다. 참고로 IBM Style Guide가 정의하는 용례는 다음과 같다.

제목에서 대문자로 시작하는 용례(IBM Style Guide)

- 명사와 동사는 대문자(예: Anything/Everybody, Be/Do)
- 지시/인칭/관계대명사는 대문자(예: This/It, You/Me, Who/What)
- 수치나 수량은 대명사
  (예: Each/Both, Few/Some, Many/Much, More/Most)
- 조건은 대명사(예: Although, As, Because, If, Unless)
- 전치사나 접속사는 소문자
  (예: about, at, between, for, in, of, and, but, or)
- 주의: 부정관사는 A(an), 정관사는 the, 그리고 Is와 Not

복잡한 내용은 리스트로 정리하면 일목요연하게 내용을 전달할 수 있다. 다음의 그 예[71]이다.

예1 Good software engineering is based on a number of key principles. One such principle is getting a good understanding of the customer requirements (possibly by prototyping). It is also important to deliver in regular increments, involving the customer/user as much as possible. Another principle is that it is necessary to do testing throughout, with unit testing being especially crucial. In addition to the previous principles, you need to be able to maintain good communication within the project team (and also with the customer).

71) Norman Fenton, *Ibid.*

▶▶ Good software engineering is based on the following key principles:

- Get a good understanding of the customer requirements, … possibly by prototyping.
- Deliver in regular increments, involving the customer/user, … as much as possible.
- Do testing throughout (unit testing is especially crucial).
- Maintain good communication within the project team (and also with the customer).

여백은 문서의 상하, 좌우에 충분히 확보하여 한 면에 문자를 지나치게 많이 담지 않는다. 도표 3.26[72]이 좋은 예이다.

72) http://www.mit.edu/course/21/21.guide/layoutex.htm

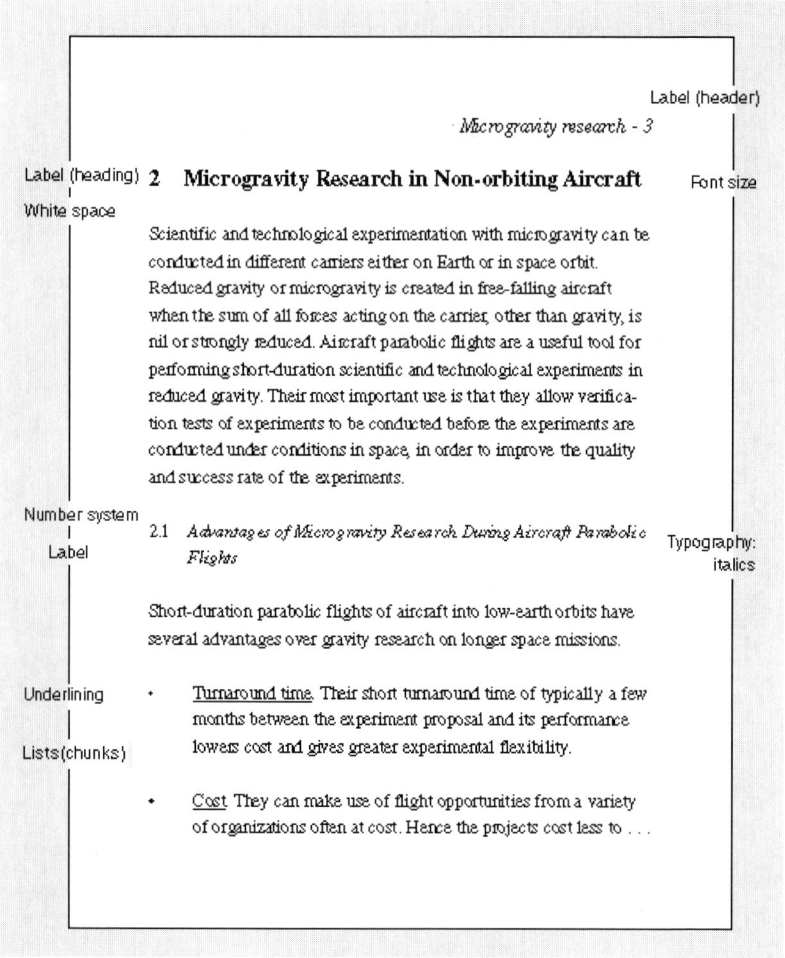
Microgravity research - 3

2 Microgravity Research in Non-orbiting Aircraft

Scientific and technological experimentation with microgravity can be conducted in different carriers either on Earth or in space orbit. Reduced gravity or microgravity is created in free-falling aircraft when the sum of all forces acting on the carrier, other than gravity, is nil or strongly reduced. Aircraft parabolic flights are a useful tool for performing short-duration scientific and technological experiments in reduced gravity. Their most important use is that they allow verification tests of experiments to be conducted before the experiments are conducted under conditions in space, in order to improve the quality and success rate of the experiments.

2.1 *Advantages of Microgravity Research During Aircraft Parabolic Flights*

Short-duration parabolic flights of aircraft into low-earth orbits have several advantages over gravity research on longer space missions.

- Turnaround time. Their short turnaround time of typically a few months between the experiment proposal and its performance lowers cost and gives greater experimental flexibility.
- Cost. They can make use of flight opportunities from a variety of organizations often at cost. Hence the projects cost less to . . .

도표 3.26 문서의 디자인(예)

2 읽기 쉬운 글꼴을 선택하라

미국의 모든 신문과 잡지는 본문 문자를 'serif'로 쓴다. 이 글꼴은 알파벳 활자의 시작이나 끝 부분에 작은 돌출선을 가지고 있어 시선을 옆으로 잘 옮길 수 있게 하여 읽기 편하도록 한다.

반면에 제목이나 소제목은 돌출선이 없는 'sans serif'로 쓴다. 'sans'은 불어로 없다는 뜻이다. 두 개는 서로 잘 어울린다. 어떤 문서든 기본적으로 글꼴은 두 개만 쓴다. 다음의 표는 두 글꼴의 다양한 형태를 보여 주고 있다.

serif	sans serif
This is an example of Scala	This is an example of Franklin Gothic
This is an example of Caslon	This is an example of Frutiger
This is an example of Century Schoolbook	This is an example of Helvetica
This is an example of Garamond	This is an example of Univers
This is an example of Times	

도표 3.27 대표적인 영어 글꼴

강조할 때에는 *이탤릭체*나 **볼드체**를 쓴다. 주의할 점은 모든 문자를 이들로 하면 읽기가 매우 어려워진다. 모든 것을 강조하는 것은 하나도 강조하지 않는다는 뜻이다. 강조하는 내용을 분리하거나 상자에 담거나 그림자 처리를 하는 경우도 있다.

글꼴의 크기는 10 또는 11포인트이다. 소제목은 + 2, 대제목은 + 4를 기본으로 한다. 줄간 간격은 글꼴 크기 + 2~4로 12~15포인트가 적당하다. 글꼴 11포인트와 간격 11포인트의 조합은 피해야 한다. 텍스트는 왼쪽 맞춤이 좋다. 양쪽 맞춤은 피해야 한다.

3 시각적 장치를 활용하라

그림이나 도표는 이해 측면에서 문자를 압도한다. 우리는 읽은 것을 10%밖에 이해하지 못한다. 그런데 우리가 본 것은 30% 기억한다. 의사소통의 시각화는 이제 필수가 되었다. 정보의 양이 너무 많기 때문이다. 다음의 표는 시각화의 종류와 효과를 보여준다.

비주얼의 종류	효과
사진 또는 일러스트(Illustration)	실물 또는 그림
다이아그램(Diagram)	작업의 구성 및 진행
도표(Graph)	양의 변화
파이 챠트(Pie Chart)	비율
막대 챠트(Bar Chart)	양
표(Table)	관련 자료의 설명
밸런스(Mass and Energy Balances)	입출을 보여주는 수지표

도표 3.28 시각화의 종류와 효과

표(Table)도 복잡한 정보를 간결하게 정리하는데 매우 유용한 수단이다. 다음이 그 예[73)]이다.

예1 We must receive your completed application form on or before the 15th day of the second month following the month you are reporting if you do not submit your application electronically or the 25th day of the second month following the month you are reporting if you submit your application electronically.

▶▶ We must receive your completed application by the following dates:

If you submit your form ...	We must receive it by ...
Electronically	the 25th of the second month following the month you are reporting
Other than electronically	the 15th of the second month following the month you are reporting

4 구두점을 활용하라

구두점(Punctuation)은 문장을 명확하게 표현하는 데 필수이다. 문

73) Federal Plain Language Guidelines (2010), p.69.

장은 마침표(.)가 붙어야 끝난다. 쉼표도 중요하다. 다음은 유명한 이야기이다.

선생이 칠판에 'Woman without her man is nothing'이라고 쓰고 학생에게 구두점을 찍게 했다. "구두점이 전부다!"("Punctuation is everything!")라고 할 만하다.

◉ 남학생: Woman, without her man, is nothing.
◉ 여학생: Woman; without her, man is nothing.

다음의 구두점은 우리가 간과하기 쉬운 것들을 모은 것이다.

① 쉼표(Comma, ,)

같은 것을 나열할 때 주로 쓴다. 그 외에도

- 동격에 사용한다.

예 We, engineers are week in writings.

- 구분에 사용한다.

예 In steady of lunch, we had snacks.

- 반전에 활용한다. 이때는 앞뒤로 넣는다.

예 We quit, however, Math.

- 두 개 이상 열거할 때 마지막 and 앞에 넣는다.

예 11, 12, and 13

• etc.는 앞뒤로 넣는다.

예 The school teaches Math, Physics, Chemistry, etc., besides arts.

② 쌍점(Colon, :)

여러 개를 나열할 때 사용한다. 나열되는 대상은 쉼표로 구분한다.

예 for example as follows: cat, dog, cow, horse, and goat

③ 쌍반점(Semicolon, ;)

영어에서 쉼표보다 강하고 마침표보다는 약할 때 쓴다. 모호성이 있지만 쉼표와 마침표를 쓰지 않는 자리에 많이 쓰인다.

• 독립된 두 문장을 접속사 없이 연결할 때 쓴다.

예 Engineers should know the Technical Writing; What is more, they should understand the Plain English.

• 나열되는 대상이 쉼표로 구분하기에는 길 때 쓴다.

예 The officers were elected as follows: J. A. Smith, president; B.K. Williams, vice-president; L.P. Donald, secretary.

④ 줄표(Dash, —)

쉼표보다 강한 쉼으로 강조를 나타낸다.

예 Pushing buttons — whatever the process on which a workman is engaged — is only the job.

⑤ 붙임표(Hyphen, -)

복합단어에 사용한다.

- 복합명사에 쓴다.

예 vice-president, secretary-general, broken-heart

- 복합형용사에 쓴다.

예 machine-cut, rock-bound, first-class

- 분수나 by에 쓴다.

예 half-time, quarter-mile, by-products

- bi, tri, semi, demi에는 안 쓴다.

예 bimonthly, tricolor, semiannual

- 라틴 접두사 anti, inter, intra, post, sub, super에는 안 쓴다.

예 international, postmodern, submission, superpower

⑥ 괄호(Parentheses, ( ))

짧은 보충설명에 쓴다. 긴 문장은 주석이나 사이드 바로 처리한다. 괄호의 사용은 되도록 자제해야 한다. 괄호의 사용은 게으름을 나타내는 것이다. 괄호 안에 괄호는 게으름의 극치이다. 괄호를 쓰는 대신에 문장을 뒤따르게 하면 된다.

예 Pneumatic(forced air) shock-absorber is more effective than mechanical one in performance(The test showed 30% higher).

➡ … in performance. The test showed 30% higher.

⑦ 빗금(Slash, /)

'and'와 'or'의 뜻을 동시에 가지고 있어 모호하다. 명확한 글을 위해 빗금은 되도록 사용하지 않아야 한다.

넷째 장

부록

Appendix

1. 에세이 쓰기
2. 참고 자료 목록
3. 교정 목록

TECHNICAL ENGLISH WRITING

1 Essay Writing
에세이 쓰기

에세이를 직접 쓰지 않고 남이 쓴 에세이를 고쳐보는 것도 짧은 시간에 에세이를 잘쓰는 방법 중 하나이다. 이 부분을 잘 공부하면 영어 에세이 구조가 눈에 들어오기 시작한다. 반대로 이 부분을 건성으로 하면 영어쓰기는 물 건너 간다.

에세이 쓰기 별것 없다. 생각을 정리해서 기계적으로 숫자를 붙여 문장으로 나열하면 된다. 그러면 에세이는 자동으로 써진다. 이공계가 가장 자신 있어 하는 기계적 접근 방식이다.

잘 쓴 에세이 한 편을 소개한다. 5문단 형식이다. 서론(P_1), 본론(P_2), 결론(P_4) 문단에 포함된 문장 하나하나에 힘글 숫자(S_1, S_2, S_3, S_4)를 붙여 보자. 중복된 문장이 있는가 하면 누락된 문장도 있다. 중복된 문장은 삭제하고 누락된 문장은 어떻게 보완하는 것이 좋을지 궁리해 보자.

How to read faster

by Bill Cosby[1]

When I was a kid in Philadelphia, I must have read every comic book ever published. I zipped through all of them in a couple of days, then reread the good ones until the next issues arrived. As I got older, my eyeballs must have slowed down or something! I mean, comic books started to pile up faster than my brother Russel and I could read them. It wasn't until much later, when I was getting my doctorate, that I realized it wasn't my eyeballs that were to blame. The problem is that there is much to read these days, and too little time to read every word of it. That's when I started to look around the common-sense, practical ways to help me read faster. I found three that are especially good. And if I can learn them, so you can — and you can put them to use immediately.

The first way is previewing. It is especially useful for getting a general idea of heavy reading like long magazine or news paper

1) 빌 코스비(William Henry Bill Cosby Jr.): 미국의 코미디언, 배우, TV 프로듀서이자 교육자이다.

articles and nonfiction books. To preview, read the entire first two paragraphs of whatever you've chosen. Next read only the first sentence of each successive paragraph. Then read the entire last two paragraphs. This will give a quick, overall view of long, unfamiliar material. It will keep you from spending time on things you don't really want — or need — to read.

The second way to read faster is skimming. It is a good way to get a general idea of light reading like popular magazines or the sports and entertainment sections of the paper. It is also a good way to review material you've read before. To skim, think of your eyes as magnets. Force them to move fast. Sweep them across each and every line of type. Pick up only a few key words in each line. You will end up reading about half the words in less than the time it would take to read every word.

The third way to increase your reading speed is clustering. Clustering trains you to look at the groups of words rather than one at a time. For example, instead of reading a line like this: "My–brother–Russel–thinks–monsters," you would read it like this: "My brother Russel–thinks monsters." For most of us, clustering takes constant practice because it's a totally different way of seeing what we read. To practice clustering, begin with something easy to read. Read it as fast as you can. Concentrate on seeing three to four words at once rather than one word at a time. Then reread the piece at your normal speed to see what you missed the first time. Practice fifteen minutes every day until you can read clusters without missing much the first time.

So now you have three ways to help you faster: previewing to cut down on unnecessary heavy reading; skimming to get a quick, general idea of light reading; and clustering to increase your speed and comprehension. With enough practice, you'll be able to handle more reading at school and at home in less time. You should even have enough time to read your favorite comic books.

예문 4.1 Basic Essay – Fast Reading

문단[문장, 문장, …]을 분석해서 숫자를 붙여 보면 문단 구조가 눈에 들어온다. 서론 문단(P_1), 본론 문단(P_2, P_2, P_2), 결론 문단(P_4)을 분석해 본다. S_1은 파란색(S_1), S_2는 밑줄을 긋고, S_3은 그냥 둔다. S_4는 다시 파란색(S_4)이다.

① 서론 문단(P_1) 분석

When I was a kid in Philadelphia, I must have read every comic book ever published. I zipped through all of them in a couple of days, then reread the good ones until the next issues arrived. As I got older, my eyeballs must have slowed down or something! I mean, comic books started to pile up faster than my brother Russel and I could read them. It wasn't until much later, when I was getting my doctorate, that I realized it wasn't my eyeballs that were to blame. The **problem** is that there is much to read these days, and too little time to read every word of it. That's when I started to look around the common-sense, practical ways to help me read faster. I found three that are especially good. And if I can learn them, so you can — and you can put them to use immediately.

ⓐ 문장 숫자는 P_1[S_3-S_3-S_3-S_3-S_3-S_2-S_1(?)-S_1-S_1(?)]이다.

ⓑ 서론은 대부분 S_3으로 시작한다. 서론의 특징이 'Hook & Lead'이기 때문이다. 처음 시작하는 세 문장에서 읽는 사람을 낚지(Hook) 못하면 그 에세이는 실패이다.

ⓒ S_2는 핵심단어 '**problem**'이 신호를 준다. 문제는 '왜'와 관련이 깊다. '왜'는 이유이고 이유는 주제를 뒷받침하는 근거가 된다.

기억이 나지 않으면 High Five 그림 1.1(22쪽)을 참조하자.

ⓓ 음영으로 처리된 두 문장이 애매하다. 소주제인 three (ways)와 의 관련성이 미약하다. 삭제하는 편이 낫다.

ⓔ S_1은 소주제문이다. '속독의 세 가지 방법'이 본론 문단(P_2, P_2, P_2)에 나오는 내용을 'Lead'한다.

② 본론 첫 번째 문단(P_2) 분석

> The first way is previewing. It is especially **useful** for getting a general idea of heavy reading like long magazine or news paper articles and nonfiction books. To preview, read the entire first two paragraphs of whatever you've chosen. Next read only the first sentence of each successive paragraph. Then read the entire last two paragraphs. This will give a quick, overall view of long, unfamiliar material. It will keep you from spending time on things you don't really want — or need — to read.

ⓐ 문장 숫자는 P_4[S_1-S_2-S_3-S_3-S_3-S_4-S_4]이다.

ⓑ 여기서 P_2[S_1]은 P_1[S_1]에 대한 이유로 부하에 해당한다. 중대장은 대대장의 부하이지만 중대에 오면 가장 높은 지휘관이 된다. 그래서 다시 S_1이다.

ⓒ 본론은 $P_2[S_1-\underline{S_2}-S_3-S_3-S_3-S_4]$의 형식이 많다.

ⓓ 'first'가 본론 첫 번째 본론의 소주제문(S_1)이라는 신호(Signal)를 준다.

ⓔ $\underline{S_2}$는 핵심단어 '<u>useful</u>'이 신호를 준다. <u>useful</u>(method)은 방법이다. S_1의 'way'를 더 구체적으로 뒷받침하는 'method'이다. 방법도 이유와 마찬가지로 주제를 뒷받침하는 근거(Ground)가 된다.

ⓕ 음영으로 처리된 문장이 중복이다. S_4가 두 개이기 때문이다. 관련성이 낮은 것을 삭제한다.

> To preview, read the entire first two paragraphs of whatever you've chosen. Next read only the first sentence of each successive paragraph. Then read the entire last two paragraphs.
>
> 즉, 서론 두 문단을 읽고, 본론은 문단의 첫 문장(즉 소주제문: Topic Sentence)만 읽으며, 결론 두 문단을 읽는다. 본론 문단은 첫 문장이 힘1(소주제문)이라는 힘글쓰기 원칙을 이 에세이에서도 확인할 수 있다.

예문 4.2 속독의 예

③ 본론 두 번째 문단(P2) 분석

> The **second** way to read faster is skimming. It is **a good way** to get a general idea of light reading like popular magazines or the sports and entertainment sections of the paper. It is also **a good way** to review material you've read before. To skim, think of your eyes as magnets. Force them to move fast. Sweep them across each and every line of type. Pick up only a few key words in each line. You will end up reading about half the words in less than the time it would take to read every word.

ⓐ 문장 숫자는 P_2[S_1-S_2-$S_{2(?)}$-S_3-S_3-S_3-S_4]이다.

ⓑ 본론은 P_2[S_1-S_2-S_3-S_3-S_3-S_4]의 형식이 많다.

ⓒ '**second**'가 두 번째 본론의 소주제문(S_1)이라는 신호를 준다.

ⓓ S_2는 핵심단어 '**a good way**'가 신호를 준다. '**way**'는 방법이고 주제를 뒷받침하는 근거가 된다. S_1도 'The **second** way'이기에 'way'의 중복을 피하려면 '**a good way**'에서 'a'와 'way'를 빼는 것이 좋다.

ⓔ 음영으로 처리된 문장이 중복이다. S_2가 두 개이다. 관련성이 낮은 것을 삭제한다.

④ 본론 세 번째 문단(P2) 분석

The **third** way to increase your reading speed is clustering. Clustering **trains** you to look at the groups of words rather than one at a time. For example, instead of reading a line like this: "My – brother – Russel – thinks – monsters," you would read it like this: "My brother Russel – thinks monsters." For most of us, clustering takes constant practice because it's a totally different way of seeing what we read. To practice clustering, begin with something easy to read. Read it as fast as you can. Concentrate on seeing three to four words at once rather than one word at a time. Then reread the piece at your normal speed to see what you missed the first time. Practice fifteen minutes every day until you can read clusters without missing much the first time.

ⓐ 문장 숫자는 P_2[S_1-S_2-S_3-$S_{(?)}$-$S_{(?)}$-$S_{(?)}$-$S_{(?)}$-$S_{(?)}$-$S_{(?)}$]이다.

ⓑ 본론은 P_2[S_1-S_2-S_3-S_3-S_3-S_4]의 형식이 많다.

ⓒ '**third**'가 세 번째 본론 소주제문(S_1)이라는 신호를 준다.

ⓓ S_2는 핵심단어 '**trains**'가 신호를 준다. 훈련을 시켜주는 것은 즉 방법론이다. 방법은 주제를 뒷받침하는 근거이다.

ⓔ 음영으로 처리된 문장 여섯 개가 문제이다. 예가 하나 나왔기

에 두 개가 더 나와야 앞의 본론 두 문단과 균형을 맞출 수 있다. 그런데 갑자기 '연습(Practice)'이 나와버렸다. 이 문단의 소주제(Clustering)와는 적합하지 않아 문단의 '통일성'을 해친다. 이들 문장 여섯 개를 빼고 S_3-S_3-S_4를 보충해야 한다.

⑤ 결론 문단(P_4) 분석

> So now you have three ways to help you faster: previewing to cut down on unnecessary heavy reading; skimming to get a quick, general idea of light reading; and clustering to increase your speed and comprehension. With enough practice, you'll be able to handle more reading at school and at home in less time. You should even have enough time to read your favorite comic books.

ⓐ 문장 숫자는 P_4[S_1-S_2-S_4-S_4]이다.

ⓑ 'So'가 결론 문단 소주제문(S_1)이라는 신호를 준다.

ⓒ 결론은 P_4[S_1-S_2-S_4]의 형식이 많다. S_2는 형식적으로는 문제가 없지만 내용이 문제이다. 결론에서 본문 내용을 단순히 요약하는 것은 바람직하지 못하다. 결론은 주제의 강조이다. 제안이나 건의사항이 좋다. 그렇다면 결론은 '연습'이 좋다. '연습'은 'clustering'뿐만 아니라 'previewing'과 'skimming'에도 유효

하다. 그렇다면 '연습'을 결론으로 가져와 결론 문단을 다시 쓰는 것이 좋다.

ⓓ 결론 문단을 P_4[S_1-S_2-S_2-S_2-S_4-S_4]로 고쳐보았다. 밑줄 친 S_2 부분이 연습하는 방법 세 가지를 알려준다. S_4가 셋이라서 마지막 S_4는 빼는 것이 좋다.

> The fast reading takes constant practice because it's a totally different way of seeing what we read. To practice, begin with something easy to read. Read it as fast as you can. And then reread the piece at your normal speed to see what you missed the first time. Practice fifteen minutes every day until you can read faster. With enough practice, you'll be able to handle more reading at school and at home in less time.

5문단 기본 에세이의 형식을 많이 이해하였을 것이다. 여기서 꼭 하나 알고 가야 할 것이 있다. 미국은 초등학교까지 이런 구조를 엄격히 가르치지만 중등학교에서부터는 이렇게만 쓰지 않도록 권고한다. 너무 단순하고 획일화된 구조이기 때문이다. 중 · 고등학교부터 조금씩 기본형을 변형시키면서 자기 문체를 구축해 나간다. 그런 의미로 보면 앞의 에세이는 잘 쓴 글이다. 'Practice'가 특히 'Clustering'에 필요하다고 볼 수 있기 때문이다.

미국인이 잘 쓴 에세이도 문단 구조를 기계적으로 분석해보면 어느 부분이 기본 틀에서 벗어난 지를 알 수 있다. 이런 일탈이 글쓴이의 문체에서 나온 것인지 잘못 쓴 것인지 구분하는 안목이 서서히 생긴다. 이런 연습을 몇 번만 해보면 에세이 쓰기에 대한 두려움이 없어진다. 기본을 충실히 익힌 다음 어떤 부분은 늘리고 어떤 부분은 줄이는, 자기 스타일의 문체도 구사할 수 있다.

2 Good References for Technical English Writing
참고 자료 목록

1 구조(Structure)를 다루는 일반적 에세이 쓰기

ⓐ 미국에서 가르치는 Dr. Yang의 Essay Writing(양규철, 에디터, 2002)

글은 다양한 종류의 에세이를 써보아야 실력이 는다. 따라서 미국의 글쓰기 책은 에세이 쓰기(묘사 · 설명 · 대비 · 논술 등)이다. 이 책은 미국의 고등학교와 대학에서 1975년부터 수사학을 강의하고 있는 양규철 박사가 쓴 'Essay writing'이다. 따라서 한국인이 영어다운 에세이 쓰기를 하고 싶다면 가장 추천하고 싶은 책이다. 물론 두껍다(515쪽).

ⓑ 에세이 작성원리와 연습(구길자 · 장남숙, 종합출판ENG, 2009)

대학에서 쓸 만한 교재를 찾기가 쉽지 않은데 이 책은 상당히 내용이 알차고 구성도 좋다. 아쉬운 것은 이공계 글쓰기를 다루지 않는다는 점이다.

ⓒ 영어 글쓰기(Paul Lee · D.C. Cote · C. Brantley, 리브리언, 2008)
내용과 구성이 앞의 책과 유사하다. 차이는 고등학교에서 다루면 좋을 정도로 훨씬 쉽게 쓰여 있다. 양도 적다. 에세이 쓰기를 빨리 터득할 수 있는 책이다.

2 문체(Style)를 다루는 책

ⓐ 영어글쓰기의 기본-The Elements of Style(W. Strunk, 김지양 역, 리버스북, 2007)
이 책은 William Strunk Jr. 교수가 명확하고 간결한 글쓰기를 위해 1918년에 썼다. 이 책의 분량이 43쪽밖에 되지 않아 'The Little Book'이라는 별명을 가졌다. 1959년에 E.B. White가 85쪽으로 양을 늘리면서 이 책은 천만 부 이상이 팔리는 미국 대학생의 필독서가 되었다.
이 책은 너무 어려운 것이 단점이다. 또 이해를 했더라도 우리가 글을 쓸 때 그 효용성이 높지 않다. 'Style'을 다루었기 때문이다. 글은 문체에 앞서 구조를 먼저 알아야 제대로 쓸 수 있다. 우리나라에서는 43쪽의 번역서(김지양 역) 읽기를 권한다. 그나마 이해가 쉽고 활용 가치가 있다. 복잡한 첨단기기는 전문가에게나 필요한 것이지 아마추어는 자기 수준에 맞는 간단한 기기를 써야 한다.

ⓑ Style-문체(J. M. Williams, 김영희 역, 홍문관, 2010)

문체에 관한 한 또 다른 거장인 Joseph M. Williams 교수가 쓴 책이다. Williams 교수가 시카고 대학에서 1981년에 'The Little Red Schoolhouse'라는 글쓰기 프로그램을 개설하면서 이 책을 교재로 사용하였다. 이 글쓰기 프로그램은 학생의 뜨거운 반응을 넘어 정부 공무원과 기업 간부까지 찾아오는 명품 강좌가 되었다. 이 책도 25년간 진화를 거듭해 9판(2007)까지 발행되었다. 영어 글쓰기를 제대로 하고 싶다면 이 책은 필독서다. 단점은 두껍고(원서 286쪽, 번역서 536쪽) 어려워 미국 학생도 1년은 죽어라 공부하는 책이다.

3 기술글쓰기(Technical Writing)를 다루는 책

ⓐ 영어 과학논문 100% 쉽게 쓰기(김형순, 서울대, 2010)

《논문 10%만 고쳐 쓰라》(2003)의 저자 김형순 교수가 영어 논문을 쓸 때 필요한 영어 표현을 간결하게 정리한 책이다. 교정 시 반드시 참고해야 할 책이다.

ⓑ The Elements of Technical Writing(R.W. Bly, Longman, 1993)

기술 분야에 종사하는 공학자나 연구원이 명확하고 간결한 보고서 · 제안서 · 매뉴얼 등을 쓸 수 있도록 안내하는 책이다. 앞의 《*The Elements of Style*》이 영어 글쓰기 전반에 대한 지침이라면 이 책은 이공계 글쓰기 지침서로 보면 된다.

ⓒ Handbook of Technical Writing(G.J. Alred · C.T. Brusaw · W.E. Oliu, Bedford, 2010)

이공계가 글을 쓰다 막힐 때 사전을 찾듯이 활용할 수 있는 매뉴얼이다. 저자 세 명은 대학 · 기업 · 정부에서 기술글쓰기를 가르치거나 다루고 있어 풍부한 예문을 볼 수 있는 것이 장점이다.

ⓓ (이공계 연구자를 위한) 영어 논문 작성법(명현국 외, 문운당, 2008)

이 책은 영어 논문 작성 시에 적절한 영어 표현을 찾을 수 있도록 매뉴얼 형식으로 편집한 책이다. 항상 옆에 두고 참고하기에 좋다. 이 책은 원래 일본원자력학회지가 50회에 걸쳐(1974-1979) 연재한 것을 우리나라 교수들이 번역한 것이다. 한국 논문을 영어로 표현하는 데 이만한 책이 없다.

ⓔ 영어로 논문쓰기-The Essential Guide to Writing English Papers(김상현, 넥서스, 2006)

3,300개가 넘는 학술영어 표현을 총망라한 사전 형식의 책이다. 곁에 두고 참고하기에 좋은 책이다.

ⓕ 과학글쓰기 핸드북(기노시타 고오레, 김성수 역, 사이언스북스, 2006)

일본에서 1981년에 출간되어 25년간 70만 부 이상이 팔린 책이다. 이공계 직장인이나 학생을 위한 실용적 학습서이자 매뉴얼 성격의 책이다. 영어쓰기는 없지만 이 책이 소개하는 글쓰기는 영어쓰기의 원리와 표현 방법을 제대로 다루고 있다.

4 개척적인 영어쓰기 책

ⓐ 영어 논문 쉽게 쓰기-Technical Writing(송은경, 교보문고, 2007)

서울대와 연세대에서 공대생을 대상으로 영어 논문쓰기를 강의하는 송은경 교수가 2005년에 쓴 책이다. 우리나라에서 영어쓰기를 구조와 문체 측면에서 처음으로 접근한 책이다. 아직은 보완이 필요하다는 점이 아쉽다.

ⓑ Plain English-쉬운 영어(김미경, 쎄네스트, 2009)

대학에서 영어쓰기를 강의하는 김미경 교수가 우리나라 영어쓰기 문제를 쉬운영어운동에서 찾아내어 쓴 책이다. 이 책은 쉬운영어를 소개함과 동시에 활용 방안까지 제시하였다. 이 책은 이제 막 첫걸음을 시작하였기에 앞으로 가야 할 길이 많이 남아 있다.

5 자동번역에 도움되는 책

ⓐ 구글 라이팅-Google Writing(엔다 가즈코, 김소연 역, 허스트비, 2010)

구글 번역과 검색만으로 '영작의 획기적 기술을 알려주는 책'으로, 일본 번역서이다. 이 책의 첫째 장 원칙 3(용법: 구글 번역과 검색)에서 이해가 어려운 부분은 이 책을 통해 보다 상세한 내용을 알 수 있다.

6 유용한 사이트

ⓐ 쉬운 영어(Plain English)

(http://www.plainlanguage.gov) (http://www.plainenglish.co.uk) 미국과 영국을 대표하는 쉬운영어 사이트이다. 'Federal Plain Language Guidelines(2010)'을 볼 수 있다.

ⓑ 미국증권거래위원회 핸드북

(http://www.sec.gov/news/extra/handbook.htm) 금융분야에 유용한 쉬운영어쓰기 안내이다.

ⓒ The Mayfield Handbook of Technical &Scientific Writing

(http://www.mit.edu/course/21/21.guide/home.htm) MIT가 학생들을 위하여 과학과 기술에 관한 글쓰기의 모든 것을 모아 놓은 곳이다. 보고서의 종류별로 예문까지 나와 있다. 문법은 말할 것도 없다.

ⓓ David A. McMurrey's Sentence-Style Problems

(http://www.io.com/~hcexres/style/index.html) 30년간 대학에서 기술글쓰기를 가르치고, 11년간 IBM에서 신제품 매뉴얼을 담당했던 경력의 소유자가 개설한 사이트이다. 단어와 문장 차원에서 잘못된 것을 총망라하고 있다.

3 List
교정 목록

글의 구조와 논리(Structure and Logic)

- 읽을 상대를 충분히 고려하고 있는가?
- 제목이 핵심 내용을 담고 있는가?
- 주제가 일관되게 통일성을 유지하고 있는가?
- 배경 설명이 너무 기초적이거나 어렵지 않은가?
- 문단 전개는 논리적 패턴을 가지고 있는가?
  - 순차적 또는 나열적 패턴
  - 비교 또는 대조 패턴
  - 분할 또는 분류 패턴
- 수직논리에 비약이 없는가?
- 수평논리가 균형을 이루고 있는가?
- 문단의 구조는 소주제-근거-증명-소주제인가?
- 글을 읽다가 되돌아와서 읽어야 하는 구절은 없는가?

도표 4.1 글의 구조와 논리 교정 목록

문체(Style)

- 한 문단은 하나의 소주제(one paragraph, one topic)인가?
- 소주제문의 위치가 문단 앞에 나온 두괄식인가?
- 접속어가 문단 첫머리 소주제문에 있는가?
- 접속어가 뒷받침문장에서 자주 나타나지 않는가?
- 문단은 줄바꾸기로 시작하였는가?
- 문단의 시작은 들여쓰기를 하고 있는가?
- 한 문장에는 한 의미(one sentence, one idea)만을 담고 있는가?
- 한 문장에는 하나의 구두점만 있는가?
- 한 문장이 20단어 이하인가?
- 단어(one word, one meaning)는 정확히 사용되었는가?
- 주어가 있는가?
- 주어와 서술어가 호응을 하는가?
- 수식어의 위치가 피수식어와 멀지 않은가?
- 정확한가?
- 간결한가?
- 중복된 표현은 없는가?
- 문장부호(마침표 · 쉼표 등)가 정확한가?
- 시각자료를 최대한 활용하고 있는가?

도표 4.2 **문체 교정 목록**